Hermann Mosapp

Der Morgenstern von Wittenberg
Das Leben der Frau Doktor Luther

SE*V*ERUS

Mosapp, Hermann: Der Morgenstern von Wittenberg. Das Leben der Frau Doktor Luther
Hamburg, SEVERUS Verlag 2013
Nachdruck der Originalausgabe von 1922

ISBN: 978-3-86347-452-2
Druck: SEVERUS Verlag, Hamburg, 2013

Der SEVERUS Verlag ist ein Imprint der Diplomica Verlag GmbH.

Bibliografische Information der Deutschen Nationalbibliothek:
Die Deutsche Nationalbibliothek verzeichnet diese Publikation in der Deutschen Nationalbibliografie; detaillierte bibliografische Daten sind im Internet über http://dnb.d-nb.de abrufbar.

SEVERUS

Der Morgenstern von Wittenberg

Das Leben der
Frau Doktor Luther
dem
deutschen evangelischen
Volk erzählt
von
Dr. Hermann Mosapp
Oberschulrat in Stuttgart

Mit einem Bildnis

Katharina Luther
Nach dem Gemälde von Lukas Cranach d. Ä. 1526
Phot. A. Groß, Berlin

Inhalt

Die Umrahmung des Titelblatts ist der Einladungsschrift zur
Leipziger Disputation von 1519 entnommen.

Der
Luthergesellschaft
in treuer Arbeitsgemeinschaft
gewidmet vom
Verfasser

Vorwort zur 1. Auflage

In der Sammlung für die deutsche Mädchen= und Frauen=
welt „Aus klaren Quellen" sollte ein Lebensbild der ersten deutschen
Pfarrfrau nicht fehlen. Gerne habe ich mich nach einem Menschen=
alter reformationsgeschichtlicher Studien entschlossen, dasselbe zu
schreiben.

Es fehlt zwar nicht an Biographien von Katharina Luther.
Es seien vor allem drei genannt, die von Albrecht Thoma
(Berlin 1900), von Ernst Kroker (Leipzig 1906), von Luise
Koppen (Leipzig 1917). Der in Betracht kommende Stoff ist
in denselben, wie in den großen Lutherbiographien von Julius
Köstlin, Theodor Kolde, Martin Rade, Adolf Hausrath, Arnold
Berger, Georg Buchwald u. a. vollständig und zuverlässig ge=
sammelt. Nur leiden sie alle drei an einem begreiflichen Mangel.
Da die Nachrichten über Katharina selber nur spärlich fließen, geben
sie in weiten Partien mehr ein Lebensbild von Luther als von
seiner Frau. Ich habe versucht, mich auf Katharina möglichst zu
beschränken und alles das wegzulassen, was nur Luther selbst
angeht. Ich verweise in diesem Stück auf mein Buch: „Doktor
Martin Luther und die deutsche Reformation" (Braunschweig 1917).

Meine Darstellung war bemüht, die für einen weiten Lese=
rinnenkreis richtige Mitte zu halten zwischen einer wissenschaft=
lichen Biographie, wie der Krokerschen, und einer novellistischen
und darum vielfach phantasiemäßig ausgeschmückten Erzählung,
wie der von Armin Stein (Hermann Nietschmann, Halle 1897).

Ich hoffe, ein lebenswahres und wahrheitgetreues Bild von Luthers Frau entworfen zu haben, das nicht schönfärbt, sondern schlicht und echt das schildert, was Luther an ihr gehabt und was wir Evangelische ihr darum heute noch verdanken.

Wenn ich mein Buch der Luthergesellschaft widme, so möchte ich damit zum Ausdruck bringen, wie tief mir als deren Vorstands= mitglied ihr Ziel am Herzen liegt: Luther im Ganzen seines Wesens und Wirkens der Gegenwart immer aufs neue nahe zu bringen, und hoffe, daß auch dieses Buch ihrem Zwecke dienen möge, die Kenntnis von Luther, das Verständnis für Luther, das Bekenntnis zu Luther im deutschen Volke zu vertiefen.

Stuttgart, am Tag der deutschen Reformationsfeier des zweiten evangelischen Kirchentags und der Lutherweihefeier der Luthergesellschaft, 16. September 1921.

Der Verfasser.

Vorwort zur 2. Auflage

Es gereicht dem Verfasser und dem Verlag zur hohen Freude, daß nach noch nicht ganz einem Jahre schon eine neue Auflage des „Morgenstern" notwendig geworden ist. Von der Kritik als „das Muster einer volkstümlichen Biographie auf wissenschaftlicher Grundlage", als „eine der besten und schönsten Lebensbeschrei= bungen", als „die volkstümliche Biographie von Luthers Frau, die ihren Platz lange behaupten wird", begrüßt, vom deutschen Hause und christlichen Vereinen mit inniger Anteilnahme aufge= nommen, darf das Buch nun seinen zweiten Gang gehen. Größere Änderungen waren nicht erforderlich; da und dort wird die nach= bessernde Hand zu bemerken sein.

Stuttgart, am Hochzeitstag des Lutherpaares, 13. Juni 1922.

Der Verfasser.

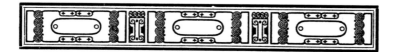

Seit dem Jahr 1917, dessen 31. Oktober noch mitten in das Toben des Weltkriegs fiel, freut sich das deutsche evangelische Christenvolk der vierhundertjährigen Gedächtnistage aus dem Leben seines Reformators Luther und der Geschichte der Reformation. In schweren, trüben Zeiten, wie wir sie jetzt durchleben, ist es Bedürfnis und Pflicht, aufzuschauen zu den großen Führern, die unsrem Volk einst in die Höhe geholfen haben und deren Geist auch heute uns Führer und Leitstern sein kann zu einer besseren Zukunft. In diesem Sinne haben wir im April und Mai 1921 Luthers Bekenntnis vor dem Reichstag zu Worms und seinen Einzug auf die Wartburg festlich begangen und will's Gott etwas gelernt von der ernsten Gewissenhaftigkeit des Reformators, die sich gebunden weiß in Gottes Wort, das er, seinen lieben Deutschen dienend, von der Wartburg herunter seinem Volke in seiner Sprache gab. In diesem Sinne, um uns aufzurichten an Luthers Führergröße, gedenken wir seiner und der großen Epochen seines Lebens jetzt noch ein volles Vierteljahrhundert lang bis zum Gedächtnis seines Todes und noch länger und für alle Zeit; nie wird die Zeit kommen, da Luther uns nichts mehr zu sagen hat.

Allein zu dem Bilde Luthers und besonders zu dem der jetzt kommenden Jahre gehört unzertrennlich das seiner Ehefrau. Der Anfang seines Reformationswerks, der Thesenanschlag, die großen Reformationsschriften, Worms und Wartburg haben noch keine Frau an seiner Seite gesehen. Aber die Jahre des stillen Aufbaus in Wittenberg sind undenkbar ohne seine Käthe, die Luther in seinem Menschentum erst recht zur Reife gebracht und an deren Seite er uns das kostbare Kleinod des evangelischen Pfarrhauses bereitet hat. Katharina gehört nicht in die Reihe der Großen in der Geschichte des Reiches Gottes; was sie uns geworden ist, das ist sie nur geworden durch ihre Verbindung mit Luther. Aber umgekehrt ist auch Luther durch sie unendlich viel geworden, ist uns menschlich nahe und lieb, ist Haus= und Familienvater geworden, und es sind die anziehendsten und gemütvollsten Seiten seines Wesens, die er entfaltet an der Seite seiner Käthe und im Kreise seiner und ihrer Kinder.

Und darum ist sie es wert, daß das deutsche evangelische Haus auch ihr Bild sich erneuert. Das möchten die folgenden Blätter tun. Sie möchten zeigen, wie Katharina Luther geworden und was sie für Luther und damit auch für uns gewesen ist: ein Stern, der seine Bahn wandelte um das helle Sonnenlicht in Wittenberg, der sein Licht dem leuchtenden Gestirn verdankt, der aber dennoch und gerade deshalb in lieblichem Glanze erstrahlt noch heute nach vierhundert Jahren, der „Morgenstern von Wittenberg".

Erster Abschnitt

Herkunft und Kindheit

An der Eisenbahnstrecke, die von Leipzig südwärts durch die Pleißenaue nach Altenburg führt, liegt die Station Kieritzsch, in ihrer Nähe die kleinen Dörfer Kieritzsch, Medewitzsch und Lippendorf. An dem Herrenhause in Lippendorf, zwischen Borna und Pegau, verkündet eine Inschrifttafel: „Geburtsstätte von Katharina Luther, geb. v. Bora, 1499 * 29. Jan. 1899". Nicht gerade in diesem Hause, aber an dieser Stätte ist also die Wiege Katharinas von Bora einst gestanden.

Das Geschlecht derer von Bora, auch Borau oder bloß Bor, läßt sich in der Markgrafschaft Meißen bis ins 12. Jahrhundert zurück nachweisen. Der Name scheint zwar auf slavischen Ursprung zu deuten, denn das slavische Wort Bor entspricht dem deutschen Wort Föhre. Zweifellos ist aber das Adelsgeschlecht von Bora deutscher Abkunft und hat seinen Namen nur von den Ortschaften, in denen es seit dem 12. Jahrhundert sich angesiedelt hatte, nämlich von Wendischbora und Deutschenbora, angenommen. So wenig als bei Luther selbst haben wir bei seiner Gemahlin triftigen Grund, an eine slavische Abstammung von Vaterseite her zu denken, wenngleich von mütterlicher Seite her an slavischen Einschlag gedacht

werden kann, der aus Katharinas Gesichtsbildung einigermaßen
sich nahelegt. Ihre Ahnherren haben sich einst, als das mächtig
aufstrebende Deutschtum das Slaventum in jener Gegend zurück-
drängte, als deutsche Kämpfer im Heere der Markgrafen von
Meißen die Rittersporen verdient und sind zum Dank für ihre Verdienste mit den genannten slavischen Dörfern belehnt worden.
Die Familie Bora war im Mittelalter im Sächsischen weitverzweigt
und wohlbegütert. Aber sie teilte das Los so mancher Adels-
familie: sie war heruntergekommen und verarmt. Heeresdienst und
Beamtentum, im modernen Staat die Gebiete, auf denen der Adel
in hohen Ehren wirken und sein Brot verdienen konnte, gab es damals noch nicht oder nur in geringem Maße, und wenn ein abliges
Gut bei Kinderreichtum in eine Anzahl von kleinen Besitzen aus-
einanderfiel und ein Besitzer das Wirtschaften nicht hervorragend
verstand, so war's um die Herrlichkeit bald geschehen. So war auch
dem Geschlechte derer von Bora der Stammsitz in Deutschenbora
längst verlorengegangen.

Auf Lippendorf saß am Ausgang des fünfzehnten Jahrhunderts
der Edle Hans von Bora, der sich im Jahre 1482 mit Katharina von
Haubitz vermählt hatte. Aus der Ehe gingen drei Söhne und ver-
mutlich zwei Töchter hervor. Zweifellos das jüngste der Kinder
war die nach 17jährigem Ehestand am 29. Januar 1499 geborene
Katharina.

Nicht lange genoß das blauäugige Ritterkind das Glück, daß
„der Mutterliebe zarte Sorgen bewachten seinen goldnen Morgen",
denn es wurde frühe, wohl im Jahr 1504, der Mutter beraubt.
Das vor allem mag der Grund gewesen sein, aus dem der Vater
seine kleine fünfjährige Käthe im Jahr 1504 ins Kloster B r e h n a bei
Bitterfeld verbrachte, wo die Nonnen von der Regel des heiligen
Benedikt eine Klosterschule von namhaftem Ruf unterhielten. Gerade der Orden des heiligen Benedikt schrieb ja seinen Angehörigen
die Pflege der Wissenschaften als besondere Regel vor. Solche

klösterliche Bildung war damals beim begüterten Adel durchaus nichts Ungewöhnliches, denn sonst war ja für den Unterricht der Töchter überaus schlecht gesorgt; vollends für ein mutterloses Edelkind war es eigentlich das Gegebene, unter der Leitung frommer Schwestern eine standesgemäße Erziehung zu erhalten. Über die künftige Gestaltung von Käthes Leben war damit durchaus noch nichts vorbestimmt. Auch läßt diese Unterbringung den Schluß zu, daß es damals um die Vermögensverhältnisse des Hans von Bora noch verhältnismäßig günstig stand, denn die Nonnen in Brehna ließen sich selbstverständlich für das Kind ein ansehnliches jährliches Kostgeld bezahlen.

Aus dieser Klosterschulzeit Katharinas wissen wir so gut wie gar nichts; ihre Erinnerungen an sie im späteren Leben mögen wohl durch die an die spätere Nonnenzeit völlig zugedeckt worden sein. Nur ein einziger Brief, den die Gattin des Kanzlers **Dr.** Zoch in Magdeburg, Klara geb. Preußer, im Jahre 1531 an Frau **Dr.** Luther richtete, zeigt, daß die beiden Mädchen in der Klosterschule zu Brehna gute Freundschaft gehalten hatten. Was wir im allgemeinen von den mittelalterlichen Klosterschulen wissen, läßt uns vermuten, daß der Sonnenschein mütterlicher Fürsorge und kindlichen Frohsinns bei den ehrwürdigen Schwestern unserer Katharina nicht gefehlt habe.

Zweiter Abschnitt

Klosterjungfrau

„Die Jahre fliehen pfeilgeschwind." Ein Jahr nach der Unterbringung Käthes im Kloster Brehna hat Hans von Bora eine zweite Ehe geschlossen mit einem adligen Fräulein Margarete, wahrscheinlich aus dem Hause von Ende. Diese Heirat bedeutete eine Schicksalswende für Käthes Leben. Wir sehen in die Verhältnisse nicht genauer hinein; aber das scheint unbestritten, daß Hans von Bora, der schon vorher nicht eben reich war, jetzt entschieden rückwärts wirtschaftete. Er konnte sein Stammgut Lippendorf und den Rittersitz zu der Sale bei Weißenfels, den er 1482 erworben hatte, nicht behaupten, und es wird wohl vor allem seine zweite Frau gewesen sein, der bei den immer trüber sich gestaltenden Vermögens= umständen das Kostgeld für das Stieftöchterchen zuviel werden wollte und die in dem Gatten allmählich den Entschluß zur Reise brachte, seine Tochter ganz für den klösterlichen Stand zu bestimmen. Auch das war in damaliger Zeit durchaus nichts Ungewöhnliches. Unter den späteren Klosterschwestern Katharinas treffen wir eine stattliche Anzahl adliger Fräulein; für wenigbegüterte Ritter= familien war der Eintritt in den Nonnenstand eine beliebte Ver= sorgung der Töchter, die zudem nach der Anschauung der Zeit den Vorzug eines gottwohlgefälligen Werkes hatte.

Es mag ein wichtiger Tag im Leben der zehnjährigen Kloster= schülerin gewesen sein, als der Vater Ende 1508 oder Anfang 1509 bei der hochwürdigen Äbtissin erschien, um seine Tochter abzu= melden. Daß er sie nicht in dem Kloster Brehna beließ, das nun ein halbes Jahrzehnt ihren Jugendmorgen behütet hatte, hing wohl auch mit den dürftigen Vermögensumständen zusammen. Denn im allgemeinen wurde in den Nonnenklöstern von den Novizen eine ziemliche Mitgift verlangt. Aber es gab ein Kloster, das von dieser Regel eine rühmliche Ausnahme machte. Das war das Kloster der Zisterzienserinnen zu N i m b s ch e n bei Grimma, das 1291 gegründet worden war und den stolzen Namen Marienthron führte. Dieses Kloster nahm Nonnen unentgeltlich auf; wer etwas geben wollte, dem war es unverwehrt, und als Katharina nach einigen Jahren eingesegnet wurde, brachte sie dem Kloster die be= scheidene Morgengabe von 30 Groschen mit. Ausschlaggebend für die Wahl dieses Klosters war neben der Billigkeit der Unterbringung wohl noch der Umstand, daß in Nimbschen seit langer Zeit die

Schwester von Hans von Bora, Magdalena, als Klosterjungfrau lebte — es ist die Vaterschwester Katharinas, die uns als „Muhme Lene" noch manchesmal begegnen wird — und ebenso eine Verwandte von mütterlicher Seite, vielleicht sogar eine Schwester der leiblichen Mutter, Margarete von Haubitz, die kurz vor Katharinas Eintritt den Thron der Äbtissin in Nimbschen bestiegen hatte und der das Zeugnis gegeben wird, daß sie „ein ehrlichs, frommes, verstendiges Weybsbildt" gewesen sei.

Daß das zehnjährige Mägdlein die Veränderung ihrer künftigen Lebensbahn besonders schwer genommen hätte, können wir kaum annehmen. Stand sie doch jetzt über 4 Jahre unter klösterlichem Einfluß und hatte gelernt, daß es keinen seligeren Stand für Christen gebe als den Mönchs= und Nonnenstand; so mag vielleicht ein stilles Glücksgefühl ihre Seele durchzittert haben, daß sie jetzt gewürdigt sei, ihr ganzes Leben als Himmelsbraut dem Dienste Gottes zu widmen.

Kloster Marienthron muß ein wohlbegütertes Kloster gewesen sein. In lieblicher, anmutiger Gegend, nur eine halbe Stunde vor den Toren von Grimma gelegen, mit Gütern aller Art, Feld und Wald, Garten und Fischweiher reich ausgestattet, besaß es namentlich eine stattliche Anzahl von Heiltümern, wie sie damals den Stolz eines Klosters bildeten: Stückchen von der Krippe, dem Kreuz und der Dornenkrone des Herrn, vom Abendmahlstisch und von der Säule, an der er gegeißelt ward, Erde von den wichtigsten Stätten seines Lebens, Haare und Kleiderreste von der Mutter Gottes und von dem Täufer Johannes, Blut vom Apostel Paulus, Gebeine, Zähne und andere Reliquien von einer Menge anderer Heiligen, und das alles in kostbaren Behältern aus Edelmetall sorgfältig verwahrt. Hohe Ablässe waren dem gläubigen Beter in Nimbschen verbürgt, und des Klosters alljährlicher Kirchweihtag war ein Volksfest für die ganze Umgegend, allerdings durchaus nicht rein kirchlicher Art, sondern ausgestaltet zum Jahrmarkt mit all

seinen Kaufgelegenheiten und Belustigungen: so wollte es das Volk
des Mittelalters, und die Kirche kam ihm gern entgegen, zumal der
Erfolg für das Kloster kein kleiner war. So hob sich auch sein äußerer
Wohlstand zusehends; wir wissen noch aus ganz genauen Verzeich-
nissen, daß seine Ställe mit 30 Pferden, 57 Stück Rindvieh, 674
Schafen und 80 Schweinen gefüllt waren, dazu mit stattlichem
Federvieh, so daß für die Nahrung der frommen Schwestern aufs
beste gesorgt war. Wie ein blühender Kranz legten sich um das
Kloster seine reichen Güter, Vorwerke und Dörfer, deren Höfe ihm
ihre Zinsen in Geld und Getreide zu liefern oder ihre Fronarbeiten
zu leisten hatten. Stattlich waren auch die Klostergebäude selber,
von denen jetzt freilich wenig mehr zu sehen ist, da im Gefolge der
Reformation das Kloster verfiel und von der Umgegend als Stein-
bruch benützt ward; nur die hohen Giebel und Fenstermauern des
Hauptgebäudes zeugen noch heute „von entschwundner Pracht".

Hier hat nun Katharina von Bora die vierzehn nächsten Jahre
ihres Lebens zugebracht, ganz und gar eingetaucht in den Geist
mittelalterlicher, klösterlicher Frömmigkeit, die das Leben im Kloster
als eine eigentliche Himmelsbrautschaft, als eine Vorstufe des Him-
mels, als Paradies auf Erden zu betrachten lehrte. Und wir haben
gar keinen Anlaß anzunehmen, daß sie nicht selbst auch lange Jahre
in diesem Stande ihr Glück und ihre Seligkeit fand, bis das Licht
höherer Erkenntnis ihr aufging. Zwar die Regel des heiligen Bern-
hard von Clairvaux, der das Kloster Nimbschen unterstellt war,
war streng; außer den gewöhnlichen Klostergelübden: Armut,
Keuschheit und Gehorsam, galt in den Zisterzienserklöstern das
Schweigegebot, das auf dem Papier für die gemeinsamen Räume
unbedingte Geltung hatte, wenn auch die weibliche Schlauheit
Mittel und Wege genug fand, sich über es hinwegzusetzen.

Die ersten sechs bis sieben Jahre waren für Katharina noch
Lehrjahre, die sich wenig von denen in Brehna unterschieden haben
werden. Sie besuchte nach wie vor die Klosterschule und lernte

fleißig weiter in den gewöhnlichen Schulfächern, unter denen auch
das Latein eine gewichtige Rolle spielte; wir wissen, daß sie später
der lateinisch geführten Tischunterhaltung ihres Gatten zu folgen
und sich an ihr zu beteiligen imstande war. Daß daneben die Ein=
führung in Sitten und Gebräuche des Klosterlebens und in die
Geschichte des Ordens ausgiebig betrieben wurde, versteht sich von
selbst. Im Jahre 1514 trat Katharina in das eigentliche Probe=
oder Novizenjahr ein.

Und am 8. Oktober 1515 brach der festliche Tag an, an dem sie
in die Hand der Abtissin, ihrer Tante, das Klostergelübde ablegte.
Alle zwölf Altäre der Klosterkirche erstrahlten im hellen Schein der
geweihten Kerzen. Fromme Gesänge der Nonnen durchtönten den
hohen Kirchenraum als Lieder im höheren Chor. Aber dazwischen
waren kurze, scharfe, metallene Klänge zu hören: unter der Schere
einer Nonne fielen die schimmernden Strähnen des Haupthaars
an den Stufen des Altars. Zwei andere zogen die weiße Kutte
über Katharinas Haupt und wanden den schwarzen Gürtelstrick um
ihren Leib und den schwarzen Schleier um ihre Stirn. Die hoch=
würdige Abtissin selbst setzte ihr einen Kranz von weißen Rosen aufs
Haupt, die Novizenmeisterin drückte ihr das Kruzifix, das Sinnbild
des einzigen Bräutigams ihrer Seele, in den Arm. Die Nonne selbst
aber weihte den Kranz der weißen Rosen ihrem Seelenbräutigam
und legte zu Füßen der Abtissin zitternd und beklommen das Gelübde
ewiger Reinheit Leibes und der Seele ab. Ein Kuß der strengen
Herrin, dem sich alle anderen Klosterjungfrauen anschlossen, nahm
Katharina auf in den Orden der seligen Himmelsbräute.

Die Gesellschaft, in die sie damit — scheinbar endgültig und
lebenslang — eingetreten war, war keine schlechte. Das Kloster
Nimbschen rekrutierte sich zumeist aus den Töchtern der umwohnen=
den Adelsgeschlechter, und wenngleich mit der Einsegnung der
frühere Name ins Grab gelegt war, das adlige Blut war doch ein
edler Saft, der die Nimbschener Nonnen vereinte und zusammen=

band, so daß sie sich noch ganz anders denn andere Klosterjungfrauen
als etwas Besonderes fühlten. Daß das unserer Käthe ins spätere
Leben noch nachgegangen ist, davon wird später noch zu hören sein.

Gleichmäßig und einförmig gingen die Tage, die Monden, die
Jahre in dem stillen Gottesfrieden des Klosters dahin. Unter Gebeten und Gesängen und Vorlesung erbaulicher Schriften verfloß
ein Tag wie der andere von der Frühmesse bis zur „Komplet", der
letzten Andacht vor der Nachtruhe. Eine innere Belastung mögen
die Klosterjahre, wenigstens die ersten, für Katharina nicht gewesen
sein; wir hören wenigstens später nie, weder direkt noch indirekt
aus Luthers Munde, eine Klage über ihre Klosterzeit. Ist sie auch
nicht mit eigenem Willen ins Kloster gegangen, so war es ihr doch
auch nicht wider den Willen; sie war eben ganz das Kind ihrer Zeit
und wußte nichts anderes als die Hoheit und Seligkeit des Klosterlebens.

Dritter Abschnitt

Freiheitsehnen

„Das Alte stürzt, es ändert sich die Zeit, und neues Leben blüht
aus den Ruinen": von keiner anderen Zeit gilt wohl mehr dieses
Dichterwort als von den zwanziger Jahren des sechzehnten Jahrhunderts.

Am 31. Oktober 1517 hat Martin Luther mit dem Anschlag
seiner 95 Sätze wider den Ablaß an der Schloßkirchentüre zu Wittenberg das Werk der Reformation begonnen, noch ein treuer, gläu-
biger Sohn seiner Kirche, noch ohne Ahrung von den weltbewegen-
den Folgen, die dieser Schritt nach sich ziehen sollte. Wie ihn die nächsten Jahre durch hartnäckige Unnachgiebigkeit der Kirche und durch
eigene Vertiefung in die Bibel weiter und tiefer geführt, darüber ist ja
in jedem Lutherbuche zu lesen. Am gewaltigsten war die Umkehrung

der ganzen Gedankenwelt, die Luthers Schriften hervorriefen, in den Klöstern, bei dem Stande, dessen Glieder durch ein heiliges Gelöbnis für ihr ganzes Leben dem Mönchs- und Nonnenstand verschworen schienen. Mit Windeseile verbreiteten sich die Schriften Luthers mit ihren neuen, auch vor den Klostergelübden nicht Halt machenden Gedanken, „als wären die Engel selbst Botenläufer und trügen's vor aller Menschen Augen"; mit Elementargewalt drangen sie auch in die Klöster ein, wenn auch die kirchlichen Oberen noch so feste Riegel vorzuschieben suchten. Vollends die Schriften: „Sermon von guten Werken" und „Von der Freiheit eines Christenmenschen" (beide von 1520), und „Von den Klostergelübden" (1522), von welch letzterer Johann Mathesius sagte: „Dies Buch macht viel Band ledig und befreit viel gefangener Herzen", haben den Klosterinsassen die Augen darüber geöffnet, was von ihren Gelübden zu halten sei und wie sie nicht bloß berechtigt, sondern verpflichtet seien, dieselben zu lösen, wenn sie erkannt, daß dieselben gegen den Geist des Evangeliums und gegen den Glauben seien.

Daß besonders die Klöster des Augustinerordens ihrem Ordensbruder sich zuneigten und in jenen Jahren rasch sich leerten, ist durchaus begreiflich. Ein Augustinerkloster aber befand sich in nächster Nähe von Nimbschen, nämlich in Grimma, und sein Prior, Wolfgang von Zeschau, war einer der ersten, der Luthers Gedanken in die Tat umsetzte, schon 1522 sein Prioramt freiwillig niederlegte und mit einigen Gleichgesinnten aus Kloster und Orden austrat. Wenn wir nun wissen, daß im Kloster Nimbschen zwei Schwestern seines Namens, Veronika und Margarete von Zeschau, wahrscheinlich seine Nichten, als Nonnen lebten, so wird nicht der geringste Zweifel möglich sein über den Weg, auf dem reformatorische Schriften und Gedanken im Kloster Marienthron eingedrungen sind.

Aber auch mit der etwas entfernteren Stadt Torgau an der Elbe hatte Nimbschen Beziehungen. Dort wohnte der „fürsichtige

und weiſe" Ratsherr Leonhard Koppe, der ſich in den Jahren
1495 und den folgenden auf den Hochſchulen zu Erfurt und
Leipzig wiſſenſchaftliche Bildung geholt, es aber ſpäterhin vor-
gezogen hatte, ein kaufmänniſches Geſchäft in ſeiner Vaterſtadt,
das er wohl vom Vater ererbt hatte, zu betreiben. Er war der
Lieferant des Kloſters Nimbſchen für alle Bedürfniſſe, die es nicht
auf eigenem Grund und Boden erzeugen konnte, und es mögen
immer Freudentage für die Kloſterjungfrauen geweſen ſein, wenn
ſein Planwagen in die Kloſtermauern einfuhr und ſie, des
Schweigegebots entledigt, mit dem welterfahrenen Manne plaudern und etwas von dem erfahren durften, was draußen in der
Welt vorging. Koppe aber war, beſonders ſeit er Luther bei amtlichen Beſuchen in Torgau perſönlich kennen gelernt, ein begeiſterter
Verehrer des Reformators; auch von ihm kann wohl angenommen
werden, daß er deſſen Schriften den Nimbſchener Nonnen zu
heimlichem Leſen übermittelt hat.

So bildete ſich in Marienthron ein ſtiller Kreis von zwölf
Schweſtern, die ſich mit Eifer auf das Studium der Lutherbücher
warfen und wohl in mancher verſchwiegenen Nachtſtunde, wenn
die Äbtiſſin alle ſchlafend wähnte, noch wachend zuſammenſaßen,
ihre Gedanken tauſchend über das Neue, das herzbewegend damit
in ihr Leben eingetreten war. Ihre Namen waren: Magdalena
von Staupitz, die Schweſter des bekannten Generalvikars des
Auguſtinerordens Johann von Staupitz, der in Luthers innerer
Entwicklungsgeſchichte eine ſo bedeutſame Rolle ſpielte, Elſe von
Kanitz, Laneta von Golis, Ave von Groſſe, Veronika und Margarete von Zeſchau, Ave und Margarete von Schönfeld, Katharina
von Bora, dazu noch drei, deren Namen wir nicht kennen.

Wir können uns denken, welche brauſenden Stürme durch die
Seelen dieſer Jungfrauen zogen, als ſie ſich aus Luthers Schriften
überzeugten, daß die ganze Vorausſetzung, auf der bisher ihr
klöſterlicher Seelenfriede geruht, eine falſche war. Der ganze

Boden mußte unter ihren Füßen wanken, wenn nicht bloß Verdienst und Fürsprache der Heiligen und die reichen Klosterablässe,
auf die sie ihre Hoffnung gesetzt, in nichts dahinschwanden, sondern
vor allem die glaubensvolle Überzeugung, mit ihrem Klostergelübde ein Gott wohlgefälliges Werk getan und eine Staffel in
den Himmel sich gebaut zu haben, sich als eitel und trügerisch erwies. Aber über den Trümmern der alten Welt, die unter manchem
Herzweh ihnen zusammenbrach, baute sich auch zugleich eine neue:
der evangelische Glaube an Gottes Gnade durch seinen Sohn und
der innere Friede der Gewißheit des Heils allein durch den
Glauben.

Damit war den zwölf Schwestern das Gewissensrecht gegeben,
ihr Klostergelübde als ungültig und als innerlich gelöst zu betrachten.
Aber freilich, das genügte ihnen nicht. Es wäre ein zermürbendes
Leben gewesen, mit diesem inneren Standpunkt weiterhin im
Nonnenstand zu leben und den ganzen Tages- und Jahreslauf von
Andacht- und Kasteiungsübungen mitzumachen, von dessen
Wertlosigkeit, ja Gottwidrigkeit sie sich fest überzeugt hatten.
Hatte Luther gezeigt, daß man auch außerhalb der Kloster-
mauern, in der Welt, Gott dienen und ein ihm wohlgefälliges
Leben führen könne, ja daß Arbeit und treue Erfüllung eines
irdischen Berufes, sei er welcher er sei, der rechte Gottesdienst sei,
so mußten sie gewissenshalber darnach streben, den Klosterzwang
von sich zu werfen, zumal wenn, wie wir das von Katharina schon
gehört und wie es wohl auch von mancher ihrer Genossinnen galt,
der Eintritt ins Kloster nicht auf eigenem freiem Willensentschluß,
sondern auf elterlicher Bestimmung beruhte, die vielleicht gar
nichts anderes im Sinne hatte, als eine sichere, billige, lebenslange
Versorgung.

Der nächste Schritt, den die Zwölfe zu ihrer Befreiung unter-
nahmen, waren herzbewegliche Briefe, die sie an ihre Eltern und
Verwandten schrieben mit der flehentlichen Bitte, ihnen aus dem

Kloster herauszuhelfen, „da ihnen solch Leben der Seelen Selig=
keit halber nicht länger zu erdulden sei". Wochen mögen vergangen
sein voll Hangen und Bangen in schwebender Pein, bis endlich
eine Antwort um die andere einlief und eine wie die andere ab=
lehnend lautete. Ob auch der sächsische Landadel wohl mit wenig
Ausnahmen sich der Lehre Luthers zugewandt hatte, hier lag doch ein
Gegenstand vor, der allzutief ins praktische Leben eingriff. Was
sollte man mit entlaufenen Nonnen anfangen, deren Tat doch
ein gewisser Makel anzuhaften schien, da sie ein heiliges Gelübde
gebrochen? Auf die reine Höhe evangelischer Anschauung von der
Gottwidrigkeit der Gelübde konnten sich diese kleindenkenden
Seelen nicht aufschwingen, und wenn sie es vielleicht doch innerlich
taten, so stand ihnen, die alle mit äußeren Gütern nicht reich ge=
segnet waren, die Versorgungsfrage im Vordergrund, die bis da=
hin so befriedigend gelöst schien. Dazu kam bei den meisten, daß sie
Untertanen Herzog Georgs des Bärtigen, des grimmigen Feindes
der Reformation waren und seine schwere Hand zu befürchten
hatten, wenn sie an einer Nonnenflucht sich auch nur indirekt be=
teiligten. Wie er sich zu der Klosterflucht stellte, erhellt aus dem
grauenhaften Bluturteil über Heinrich Kelner von Mittweida, der
einer Nonne aus dem Kloster Sernzig zur Flucht verholfen hatte:
Herzog Georg ließ ihn in Leipzig enthaupten, seinen Kopf auf den
Pfahl und seine Leiche über den Galgen stecken. Mit mehr oder
weniger freundlicher Abtönung bekamen also unsere Nonnen zu
hören, sie möchten bleiben, wo sie seien und bisher wohl aufge=
hoben gewesen seien; Mönche möchten wohl ohne etliches Bedenken
diesen Schritt tun, da sich für sie wohl Amt und Brot finden würde,
aber was sollten hilflose Nonnen in der Welt anfangen?

Diese erste Hoffnung war gescheitert; dazu kam, daß der eine
oder andere Anverwandte trotz der Bitte um verschwiegene Be=
handlung der Sache, wohl um seiner Ablehnung noch mehr Nach=
druck zu geben, der Äbtissin Mitteilung von den Plänen ihrer

Pflegbefohlenen machte. Nun war Margarete von Haubitz zwar, wie wir oben gehört, ein ehrliches, frommes, verständiges Weibsbild, viel mehr zur Milde und zum persönlichen Gewährenlassen als zur Strenge und Härte geneigt; aber offenbar war sie damals noch nicht zur evangelischen Wahrheit durchgedrungen, zu der sie später auch überging, und vor allem war sie eben Äbtissin, die des Klosters Ordnung zu wahren und Verfehlungen gegen sie zu ahnden hatte. So war der nächste Erfolg des ersten Schreis nach Befreiung klösterliche Strafe, die die zwölf traf und die, wenn sie auch nicht übermäßig streng war, doch den Stachel noch tiefer in die Seele der Genossinnen drückte.

Aber, wenn sie sich äußerlich unterwerfen und demütigen mußten, innerlich gaben sie sich nicht besiegt. Ein solch elementares Streben, wie es ihre Herzen beseelte, findet Mittel und Wege, sich durchzusetzen. Wir wissen nicht, in welchem der zwölf Köpfe der Plan erdacht wurde, aber nachdem er erdacht war, ward er von allen mit Begeisterung aufgenommen und mit aller Vorsicht weiblicher Klugheit auch ausgeführt. Es war nichts Geringeres als ein Bittbrief an Luther selbst, in dem die zwölf Bedrängten ihm ihre Herzens= und Lebensnot darlegten und so herzbeweglich baten, er, der das Licht des neuen Glaubens und die Erkenntnis von der Unzulässigkeit ihres Gelübdes in ihnen entzündet, möchte auch Mittel und Wege finden, die ihnen zur Freiheit der Gewissen verhelfen. Wie „das arme Völklein" diesen Brief aus den wohlbewachten Toren des Klosters hinausgeschmuggelt hat, das wissen wir nicht; vielleicht war schon dabei Leonhard Koppe als Briefbote beteiligt.

Und bei Luther waren sie nun an den rechten Mann gekommen. Hätte es sich nur ums Entkommen aus dem Kloster gehandelt, wer weiß, er hätte vielleicht ebenso geantwortet, wie die Eltern und Verwandten. Aber die Worte Gewissen und Gewissensnot hatten ihm selbst im eigenen Leben schon so viel zu schaffen gemacht, daß er

ihnen gegenüber keiner Ablehnung oder einſchläfernden Beruhigung
fähig war. Immerhin war die Sache nicht eben leicht und einfach.
Das Verlaſſen eines Kloſters aus eigenem Entſchluß mochte in der
damaligen Zeit, die „zweier Welten Schlachtgebiet" war, ungeſtraft
hingehen; aber dazu waren unſere Zwölf nicht imſtande, da die
Äbtiſſin ſie freiwillig nicht ziehen ließ und das Kloſter bei Tag und
Nacht jetzt wohl doppelt ſcharf bewacht war. Gewaltſame Ent=
führung einer Nonne aber galt als Landfriedensbruch und wurde
mit ſtrengſten Strafen geahndet, war ſogar mit der Todesſtrafe
bedroht. So blieb nichts anderes übrig, als heimliche Liſt, die den
Schein eigener, ſelbſtunternommener Flucht der Nonnen wahrte.
Und Luther war großzügig genug, um eine ſolche Tat und ſeine
Beihilfe dazu nicht bloß als zur Not mit ſeinem Gewiſſen vereinbar,
ſondern im Gegenteil als heilige Gewiſſenspflicht zu betrachten.
Da galt es allerdings die äußerſte Vorſicht walten zu laſſen; denn
kurz zuvor war der Verſuch einer Nonne, Florentina von Ober=
weimar, die ſich in harter Gewiſſensnot an Luther gewandt hatte
mit der Bitte, ihr zur Befreiung aus dem Kloſter Neuenhelfta bei
Eisleben zu verhelfen, infolge Verrats kläglich mißlungen und die
arme Florentina war der ſtrengen Zuchtrute ihrer Äbtiſſin verfallen,
der ſie aber endlich, Anfang 1524, doch zu entkommen wußte;
Luther ſelbſt hat die von ihr aufgezeichnete Geſchichte ihrer
Kloſterſchickſale und ihrer Flucht unter dem Titel: „Eine Geſchichte,
wie Gott einer ehrbaren Kloſterjungfrau ausgeholfen hat", im
März 1524 veröffentlicht.

Aber Luther wußte Rat. Ihm fiel ſofort der Torgauer Kauf=
herr Leonhard Koppe ein, von deſſen gut evangeliſcher Geſinnung
und kluger Welterfahrung er ſich perſönlich überzeugt hatte und
von deſſen geſchäftlichem Verkehr mit Nimbſchen er wußte. Koppe
fühlte ſich durch Luthers Vertrauen geehrt und durch die nicht
ungefährliche Unternehmung gereizt. Er verſicherte ſich des Bei=
ſtandes zweier Gehilfen, ſeines Neffen Leonhard Koppe d. J. und

des Lichtziehermeiſters Wolfgang Dommitzſch, der, wie Koppe, als
Lieferant von Altarkerzen mit dem Kloſter in Geſchäftsverbindung
ſtand. Mit viel Vorſicht und Klugheit ward die heimliche Verbindung mit den Nonnen angeknüpft und glücklich, ohne irgend
welchen verräteriſchen Zufall, der Fluchtplan ausgeheckt, von deſſen
Gelingen der nächſte Abſchnitt erzählen ſoll.

Vierter Abſchnitt

Befreiung

Die Nacht von Oſterſamstag auf Oſterſonntag, 4. auf 5. April
1523, war klüglich für die Befreiungstat auserſehen. Abends 9 Uhr
war der letzte Gottesdienſt der ſtillen Woche, die Hora; man wußte,
daß gleich nach dieſem alles im Kloſter ſich zur Ruhe legen würde,
um ein paar kurze Stunden Schlafs zu genießen, ehe die Mitter-
nachtsſtunde die Kloſterjungfrauen zur Oſtervigilie rufen würde,
jenem nächtlichen Gottesdienſt, der in ahnungsvollem Schauer die
Seelen aufwärts führte bis zu dem Augenblick, wo der erſte Strahl
der aufgehenden Sonne den Jubelchor aus dem 12. Jahrhundert
auslöſte: „Chriſt iſt erſtanden von der Marter alle! Des ſoll'n wir
alle froh ſein, Chriſt will unſer Troſt ſein. Halleluja!"

Über die Einzelheiten der Flucht fehlt uns jegliche genaue
Nachricht; wir wiſſen bloß, daß ſie etwa um die zehnte Nachtſtunde
erfolgte, als das ganze Kloſter im erſten, tiefen Schlafe lag. Alles
andere, was ſpäter erzählt wurde, entſtammt der dichtenden Phan-
taſie oder Vermutung. Ob der Weg der zwölf Schweſtern durch
ein nachläſſig verſchloſſenes Seitenpförtchen oder durchs ordent-
liche Kloſtertor gegangen iſt, an dem eine der Verſchworenen das
Amt der Beſchließerin gehabt hätte; ob ſie durch ein Fenſter aus-
geſtiegen ſind und ſich am Strick herabgelaſſen oder ob ſie gar eine
Lehmwand durchbrochen haben; ob ſie in ihrer Schweſterntracht

geflohen sind oder in heimlich ins Kloster geschafften weltlichen
Gewändern: das alles wissen wir nicht und brauchen's nicht zu
wissen, ebenso wenig, ob Wolfgang Dommitzsch die sonderliche
Kunst übte, den Schrei des Käuzleins täuschend nachzuahmen und
damit die furchtsame, abergläubische Äbtissin in ihre Zelle und
unter ihre Bettdecke zu bannen. Genug, die Flucht ist gelungen
und Koppe mit seinen Gesellen hat glücklich alle Zwölfe auf seinem
Planwagen vorsichtig und unsichtbar verstaut.

Auch hieran hat sich eine Sage geknüpft, die vielfach als lautere
Geschichte verstanden worden ist. Ein späterer Berichterstatter,
ums Jahr 1600, erzählt nämlich, Koppe habe die zwölf Nonnen
„mit sonderlicher List und Behendigkeit aus dem Kloster entführt,
als führete er Herings Tonnen“. Der Bericht knüpft mit Recht an
die Tatsache an, daß unter den von Koppe dem Kloster Nimbschen
gelieferten Waren die als Fastenspeise beliebten Heringe eine be=
sondere Rolle spielten und daß der Kaufmann jeweils bei einer
neuen Lieferung die leeren Tonnen von der letzten wieder mit
zurücknahm. Die Nachwelt hat nun obigen vergleichsweisenBericht
dahin ausgesponnen, daß Koppe die Nonnen unter leeren Herings=
fässern versteckt habe. Wenn Koppe diese absonderliche und für
die Zwölfe entsetzliche Art der Beförderung gewählt hätte, dann ist
wohl sicher anzunehmen, daß derselben in einem gleichzeitigen Be=
richt, vor allem von Luther selbst, irgendwie Erwähnung getan
worden wäre. Es könnte also höchstens sein, daß er zum Schutz
vor spähenden Augen vorne im Wagen einige leere Tonnen auf=
gestapelt hätte. Aber auch das ist nur Vermutung. Notwendig war
diese Vorsichtsmaßregel nicht, denn der Weg führte ganz durch
kurfürstlich sächsisches Gebiet, in dem kein Schlagbaum und kein
Zöllnerauge zu befürchten war; solange die Gefahr einer Ent=
deckung oder Verfolgung bestand, war tiefe Nacht, und als der
Morgen nach achtstündiger Fahrt graute, war diese Gefahr längst
vorüber, im Gegenteil war in den Ortschaften, durch welche die

Fahrt jetzt ging, eher Freude über den gelungenen Handstreich als eine Hemmung zu erwarten.

Aber wir können uns denken, daß, als im Osten die Sonne aufging, unsere zwölf Nonnen, die zuvor ängstlich das Schweigegebot beobachtet hatten, nicht mehr an sich halten konnten und, berauscht von der Freiheit Morgenluft, den jubelnden Ostergesang anstimmten, den ihre Schwestern im Kloster jetzt eben auch, aber mit anderen Gefühlen, sangen: „Christ ist erstanden von der Marter alle! Seit daß er erstanden ist, loben wir den Vater Jesu Christ. Halleluja!"

Die erste Reisestation war Koppes Vaterstadt Torgau. Hier wurde Rast gemacht und der Ostersonntag, wohl auch noch der Ostermontag, der Ruhe und Erholung von der unbequemen Fahrt mit ihrer seelischen Spannung gewidmet. Es ist kein Zweifel, daß die Flüchtlinge den Gottesdienst in der Torgauer Stadtkirche besuchten. So ist es ein merkwürdiger Zufall, daß der erste Ort, an dem Katharina von Bora die Welt betrat, derselbe war, an dem sie fast ein Menschenalter nachher der Welt ade sagte, und die Phantasie mag es sich ausdenken, daß sie an jenem Ostertag an derselben Stelle andächtig kniete, wo jetzt ihr Leichenstein steht. Hier in Torgau mögen sich drei der Nonnen, die ihre Heimat im Kursächsischen hatten, von ihren Schwestern getrennt haben; sie hatten weiter nichts zu besorgen.

Am Dienstag ging die Fahrt der neun, deren Namen oben genannt sind, nach Wittenberg weiter. Mit neugierigen Augen mögen die Befreiten ausgeschaut haben nach den Türmen der Stadt, die damals die berühmteste in Deutschland war und in der sich ihrer aller ferneres Schicksal entscheiden sollte. Daß sie und das „schwarze Kloster", Luthers Wohnsitz, ihre fernere Heimat werden sollte, das konnte freilich Katharina an jenem Tage auch in ihren kühnsten Träumen nicht ahnen.

Die Ankunft des Flüchtlingswagens war für ganz Wittenberg ein Ereignis, das männiglich mit ungeteilter Freude aufnahm.

Welch tiefen Eindruck es auf die Studentenschaft machte, das wissen
wir aus dem Brief eines jungen Österreichers, der es nach Basel
meldete und in scherzhaftem Wortspiel hinzufügte: die Nonnen
hätten sich wohl ebensosehr nach einem Freier wie nach der Freiheit
gesehnt.

Wer am gespanntesten der Ankunft des Planwagens entgegen-
sah, das war natürlich der Urheber der ganzen Befreiung, Luther
selbst. Und als sie nun glücklich erfolgt war und die Neune ihm wohl-
behalten vor die Augen traten, da war es ihm wie ein leibhaftiges
Wunder Gottes, über das er sich nicht bloß im stillen freuen konnte,
sondern von dem er der ganzen Welt Kunde geben mußte. Noch
am Freitag der Osterwoche, den 10. April, schreibt er in seiner
ganzen großartigen Offenheit „dem fürsichtigen und weisen Leonhard Koppe zu Torgau, meinem besonderen Freunde", einen offenen Brief: „Ursach und Antwort, daß Jung-
frauen Klöster göttlich verlassen mögen", in
dem er sich vor aller Welt zu der Tat der Befreiung bekennt und
sie rechtfertigt.

„Ein neu Werk" nennt er sie, „davon Land und Leute singen und sagen
werden, welches viele werden für großen Schaden ausschreien, aber die
es mit Gott halten, werden's für großen Segen preisen." Mit köstlichem
Humor stellt er dem Empfänger vor Augen: „Pfui, pfui werden sie sagen,
der Narr Koppe hat sich von dem verdammten Mönch lassen fangen und
führt neun Nonnen auf einmal aus dem Kloster und hilft ihnen ihr Gelübde und klösterliches Leben zu verleugnen und zu verlassen". Aber
wenn er hiernach ein „Räuber" gewesen wäre, so tröstet ihn Luther: „Ja,
freilich, ein seliger Räuber; gleichwie Christus ein Räuber war in der
Welt, da er durch seinen Tod dem Fürsten der Welt seinen Harnisch nahm,
also habt Ihr auch diese armen Seelen aus dem Gefängnis menschlicher
Tyrannei geführt eben um die rechte Zeit auf Ostern, da Christus auch
der Seinen Gefängnis gefangen nahm". Er rechtfertigt dann, „daß er
solches ausrufe und nicht heimlich halte", mit drei „redlichen Ursachen":
erstlich, um seiner selbst willen, da er sich der Tat nicht zu schämen brauche;

„was wir tun, das tun wir in Gott und scheuen uns dessen nicht am
Lichte"; zweitens um der Nonnen selbst willen, um sie vor der bösen
Nachrede blinder Frevelrichter zu schützen, als ob sie durch lose Buben
unredlich entführt seien, so sie doch mit aller Zucht und Ehre ausgeführt
und an redliche Stätte und Orte gekommen seien; drittens, um die Herren
vom Adel und alle frommen Biederleute, so Kinder in Klöstern haben, zu
warnen, daß sie selbst dazutun und sie herausnehmen, auf daß nichts
Ärgeres hernach folge, daß sie mutiger und kühner werden. — Aber er
faßt die ganze Sache noch tiefer und grundsätzlicher an. „Die Jungfrauen
haben selbst ihre Eltern und Freundschaft aufs allerdemütigste ersucht,
und gebeten um Hilfe herauszukommen, da ihnen das Klosterleben der
Seelen Seligkeit halber nicht länger zu dulden war, welches ihnen aber
abgeschlagen und versagt wurde, weshalb sie rechte und redliche Ursache
gehabt, ja genötigt und gedrungen waren, ihr Gewissen und Seele zu
erretten. Denn das ganze Klosterleben, in das man leider die Kinder,
sonderlich das schwache Weibervolk und junge Mägdlein stößt, ist keine
tägliche Übung göttlichen Wortes. O über die unbarmherzigen Eltern
und Freunde, die mit den Ihren so greulich und schrecklich verfahren! O,
über die blinden und tollen Bischöfe und Äbte, die hier nicht sehen noch
fühlen, was die armen Seelen leiden und wie sie verderben! Darum ist's
gewiß, daß kein Gelübde gelten kann, damit man sich an den Ort ver=
bindet, da kein Gottes Wort geht, und den Ort läßt, da Gottes Wort geht.
Vor Gott und in Gottes Dienst soll und kann kein Werk noch Dienst ge=
zwungen und ungern geschehen. Weil denn Gott kein Dienst gefällt, er
gehe denn willig von Herzen und mit Lust, so folgt, daß auch kein Gelübde
weiter gelten noch geschehen noch gehalten werden soll, denn sofern die
Liebe und Lust da ist, das ist, sofern der heilige Geist da ist. Darum nun
solches Gelübde ohne Lust und Geist geschieht, achtet's Gott nicht und
nimmt's nicht an: daß also dies auch eine genügsame Ursache ist, Gelübde
und Klöster zu lassen und jedermann herauszuhelfen zu einem anderen
Stand. Und wenn jemand das Ärgernis des Gelübdebruchs scheut:
Ärgernis hin, Ärgernis her; Not bricht Eisen und hat kein Ärgernis. Ich
soll der schwachen Gewissen schonen, sofern es ohne Gefahr meiner Seele
geschehen mag; wo nicht, so soll ich meiner Seele raten, es ärgere sich
daran die ganze oder halbe Welt".

Damit übernimmt Luther freien und guten Gewissens die volle Verantwortung für sich, für Koppe und die Jungfrauen, auch für alle, die ihrem Exempel wollen nachfolgen; „bin auch gewiß, daß wir damit vor Gott und der Welt untadelich bestehen wollen. Wir haben einen Richter über uns, der wird recht richten". Er schließt das Sendschreiben mit der offenen und vollen Namensnennung der Entwichenen.

Eine zweite Äußerung Luthers über die Befreiung von demselben 10. April geht an den Hofprediger Spalatin in Wittenberg. Da heißt es:

„Ihr wißt, daß die neun abtrünnigen Nonnen bei mir angelangt sind, ein elendes Völklein, aber durch ehrenhafte Bürger von Torgau mir zugeführt, so daß ein ungünstiger Verdacht nicht aufkommen kann. Ihr Zustand fordert wahrhaftig das Mitleid heraus; ihre Flucht ist ein wirkliches Wunder. Ihr wollt wissen, was ich mit ihnen zu tun gedenke? Zunächst werde ich es den Verwandten anzeigen und sie bitten, sie aufzunehmen. Lehnen diese es ab, so werde ich ihnen anderswo Aufnahme verschaffen; von manchen Seiten ist mir das zugesagt worden. Einige will ich auch, wenn möglich, im Ehestand unterbringen. Ich ersuche Euch, auch von Eurer Seite ein Werk der Liebe zu tun und an meiner Statt bei Euren reichen Freunden am Hofe etwas Geld zu sammeln, damit ich sie eine oder ein paar Wochen erhalten kann, bis ich sie ohne Umstände ihren Verwandten oder den genannten Gönnern übergeben kann."

Auch Nikolaus von Amsdorf, Luthers Amtsgenosse als Professor der Theologie, wendet sich am folgenden Tage an Spalatin mit derselben Bitte um eine Sammlung für die nötigsten Bedürfnisse der Jungfrauen, die „weder Schuhe noch Kleider haben, aber in ihrer großen Armut und Angst ganz geduldig und fröhlich sind". Scherzend fügt er hinzu: „Sind schön, fein und alle vom Adel, unter welchen ich keine fünfzigjährige finde. Die älteste unter ihnen, meines gnädigen Herrn und Oheims D. Staupitz Schwester, hab ich dir, mein lieber Bruder, zugerechnet zu einem ehelichen Gemahl, damit du dich mögest eines solchen Schwagers rühmen, wie ich mich eines solchen Oheims rühme. Willst du aber eine jüngere haben, so sollst du die Wahl unter den schönsten haben".

Luther hat sich auch fernerhin um die Unterbringung und Versorgung der Flüchtlinge treulich bemüht. Er schrieb vor allem an ihre Eltern und Anverwandten und scheint damit mehr Erfolg gehabt zu haben als die Nonnen selbst; sechs von denselben wurden nach kurzer Zeit von ihrer Verwandtschaft aufgenommen und waren damit außerhalb seiner Sorge. Aber er wandte sich auch an Kurfürst Friedrich den Weisen, den klugen, fürsichtigen Gönner der Reformation. Am 22. April schrieb er durch Spalatin an seinen Fürsten, den er ja bekanntlich merkwürdigerweise nur auf dem Reichstag in Worms gesehen, nie aber persönlich gesprochen hat, und bat ihn um seine Unterstützung; er fügte mit Rücksicht auf dessen Ängstlichkeit hinzu: „O ich will's fein heimlich halten und niemand sagen!" Inwieweit Friedrich der Weise dieser Bitte entsprach, wissen wir nicht genau; aber wir wissen, was er der Äbtissin von Nimbschen zur Antwort gab, als sie am 9. Juni sich klagend über die weitergehende Entleerung ihres Klosters an ihn wandte: „Nachdem wir nicht wissen, wie es um diese Sache sich gewandt und was die Klosterjungfrauen zu solchem ihrem Fürnehmen veranlaßt und wir uns bis anher dieser und dergleichen Sachen nie angenommen, so lassen wir's bei ihrer selbst Verantwortung bleiben". Das ist ganz der klug zurückhaltende Herr, der das religiöse Gewissen über alles stellt.

Was aus Katharinas Fluchtgenossinnen geworden ist, wissen wir zwar nicht von allen, aber vom größten Teil. Magdalena von Staupitz leitete lange Jahre in Grimma eine Mädchenschule, heiratete 1537 den Bürger Tiburtius Geuder und starb 1548. Else von Kanitz lebte ebenfalls in Grimma noch 1537; Luther wollte sie 1527 zur Leiterin einer Mädchenschule in Wittenberg machen und bot ihr sein Haus und seinen Tisch an, sie ging aber offenbar

auf dieses Anerbieten nicht ein. Laneta von Golis vermählte sich
wenige Monate nach der Flucht mit einem Pfarrer in Zwetschkau,
der aber wenige Wochen darauf ermordet wurde; 1527 schloß sie
eine zweite Ehe mit dem Pfarrer Kind in Leisnig, der 1533 starb.
Abe von Grosse ging zunächst zu ihrem Bruder auf das elterliche
Gut Trebsen und heiratete 1538 den Hans Marx in Schweinitz.
Über Veronika und Margarete von Zeschau wissen wir gar nichts.
Abe von Schönfeld vermählte sich mit dem Arzt Basilius Axt aus
Franken, der später Leibarzt des Herzogs Albrecht von Preußen
war. Ihre Schwester Margarete heiratete einen Herrn von Garse-
büttel aus dem Braunschweigischen.

Fünfter Abschnitt

Vorbereitungszeit

Was sollte aber aus Katharina von Bora werden? Bei ihr
lagen die Verhältnisse wohl trüber als bei allen ihren Genossinnen.
Denn einmal gehörte ihre Familie zu den Untertanen Herzog
Georgs und durfte schon deshalb die Entflohene nicht aufnehmen,
ohne die Rache des Fürsten herauszufordern. Aber selbst wenn sie
gewollt hätte, sie konnte es nicht. Allem nach war Hans von Bora
zur Zeit der Flucht schon gestorben; die Stiefmutter und deren
Söhne lebten auf dem verschuldeten Gut in Zülsdorf in ganz ärm-
lichen Verhältnissen. So war Katharina, ein bitter armes adliges
Fräulein, auf die Fürsorge Luthers und seiner Freunde angewiesen. Und diese versagte nicht.

Magister Philipp Reichenbach, gebürtig aus Zwickau, der in
Leipzig und Wittenberg die Rechtsgelehrsamkeit studiert hatte,
war eben damals von der Stadt Wittenberg als Stadtschreiber —
wir würden heute sagen Rechtsrat — angestellt worden und jung
verheiratet; er wurde 1530 Bürgermeister und starb 1543. Ein

warmer Verehrer Luthers und im Besitz eines eigenen Hauses in
der Nähe der Stadtkirche, trug er keinen Augenblick Bedenken, die
arme Waise in sein Haus aufzunehmen, das unserer Katharina nun
für die folgenden zwei Jahre Heimat und Vorbereitungsschule
wurde. Die ganze Eigenart des Reichenbachschen Paares muß darnach angetan gewesen sein, der Heimatlosen ein wahres Heimat-
gefühl zu geben ohne das drückende Bewußtsein, das Gnadenbrot
zu essen. Denn die Frau Magister verstand es meisterlich, Katharina,
deren Leben bisher nur in klösterlichen Frömmigkeitsübungen da-
hingegangen war, in den Betrieb einer richtigen Arbeit und in die
Aufgaben einer Hausfrau einzuführen. Und was für eine gelehrige
Schülerin sie dabei in ihrem Schützling fand, das zeigen die großartigen hausfraulichen Talente, die wir in Frau Katharina nachmals im eigenen Hause betätigt finden. Es mag wie eine neue Welt
gewesen sein, was sich hier vor Katharinas Augen auftat, die schon
als fünfjähriges Kind aus dem elterlichen Haushalt herausgetreten
war und im Kloster nie etwas anderes zu tun gehabt hatte als
anfangs lernen, später beten, singen und sich kasteien. Nun galt es
die Hände regen und sich tummeln im werktätigen Leben. Der ganze
Zuschnitt des Reichenbachschen Hauses war der eines guten Patri-
zierhauses, in dem auch nach der Sitte der damaligen Zeit die
Studenten, die gerne in einem solchen sich einquartierten, nicht
gefehlt haben mögen. In diesem Umtrieb, von dem das Dichterwort galt: „Tages Arbeit, abends Gäste, saure Wochen, frohe
Feste", lernte Katharina ihren inneren Menschen umzustellen auf
die Aufgaben des bürgerlichen Lebens, ohne dabei etwas einzu-
büßen von dem „verborgenen Menschen des Herzens unverrückt mit
sanftem und stillem Geist" (1. Petr. 3, 4), zu dem sie im Kloster-
frieden herangewachsen war. Hiefür ist der beste Beweis nicht bloß
das Zeugnis, das ihr die Wittenberger Hochschule nachmals gegeben
hat, sie habe sich in dem Reichenbachschen Hause „stille und wohl
verhalten", sondern noch mehr der Name, den sie sich in der Witten-

berger Studentenschaft bald erwarb: Katharina von Siena, der
Name jener merkwürdigen Heiligen des 14. Jahrhunderts, die, ein
Muster der Demut und dienenden Liebe, Wunder der Barmherzig=
keit an Kranken, der Bekehrung an verstockten Sündern tat und
das größte Wunder an sich selbst erlebt haben sollte, nämlich, daß der
Heiland sie mit seinen Wundenmalen begnadigte und sein Herz
mit dem ihrigen vertauschte.

Nicht ausschließlich scheint Katharina im Hause des Stadt=
schreibers tätig gewesen zu sein. Reichenbach war nahe befreundet
mit dem Ratsherrn und städtischen Kämmerer Lukas Cranach.
Sein stattliches Haus stand und steht heute noch da, wo die zur
Schloßkirche führende Schloßstraße aus dem Marktplatz abzweigt;
in ihm lag der geschäftige Mann nicht bloß seiner Malerkunst ob,
sondern betrieb daneben eine Apotheke, eine Buchdruckerei und
einen Weinschank. Als dem reichsten Bürger Wittenbergs war ihm
die Ehre zuteil geworden, den König Christian den Zweiten von
Dänemark, der 1523 gestürzt und verjagt worden war und sich
nun um die Hilfe der deutschen Fürsten bemühte, im Oktober 1523
bei sich beherbergen zu dürfen. Frau Cranach mag eine tüchtige
Bürgersfrau gewesen sein, spürte aber wohl das Zeug nicht in sich,
einem gekrönten Haupte aufzuwarten, und so ließ sie sich von Frau
Reichenbach für seine Besuchszeit das Fräulein von Bora abtreten,
deren adliger Name schon dem König imponieren mußte und deren
edler Anstand und feine, züchtige Sittigkeit ihm über die Maßen
wohlgefielen. Hieran war ein ehrenvolles Angedenken ein golde=
ner Ring, den der König Katharina zum Abschied verehrte und den
sie lebenslang nicht ohne berechtigten Stolz am Finger trug.

Auch in einem andern Hause Wittenbergs scheint Katharina
häufig verkehrt zu haben: es war das Haus des Magisters Philipp
Melanchthon, der 1518 als 21jähriger Professor in Wittenberg ein=
gezogen und seit 1520 mit Katharina, Tochter des Bürgermeisters
Krapp, verheiratet war. In diesem Hause wurde sie nicht bloß in

die Gedankenwelt und das Geistesleben der Reformation tiefer eingeführt, sondern an dasselbe knüpfte sich auch noch eine ganz persönliche Erinnerung, ein Herzensroman. Unter den Schülern Melanchthons befand sich der fast mit ihm gleichaltrige gelehrte und „gottselige" Nürnberger Patriziersohn Hieronymus Baumgärtner, der mit seinem Lehrer in ein schönes Freundschaftsverhältnis getreten war. In Melanchthons Haus, heute Kollegienstraße 60, lernten der 25jährige Baumgärtner und die 24jährige Katharina einander kennen, und bald vertiefte sich die Bekanntschaft zur gegenseitigen Liebesneigung, die bald in Wittenberg bekannt und gebilligt wurde. Insbesondere hat Luther selbst, der ja ausdrücklich gesagt hatte, er gedenke einige von den neun Entflohenen zu verheiraten, und der damals Katharina noch völlig neutral, ohne Herzensregung gegenüberstand, getan, was er konnte, um diesen Liebesbund zur Heirat zu führen. Baumgärtner schied von Wittenberg mit der bestimmten Absicht, die Einwilligung seiner Eltern zu seinem Herzensbunde zu erlangen, und Katharinas Herz mag wohl in seligen Zukunftsträumen das Glück eines eigenen Hausstandes, wie sie es im Reichenbachschen Hause in schönster Weise vor Augen hatte, sich ausgedacht haben.

Aber der Schmerz der Enttäuschung blieb ihr nicht erspart. Die Schwierigkeiten, die einer Verbindung mit einer entlaufenen Nonne entgegenstanden, hatte sich der junge Liebhaber nicht so groß gedacht, wie sie die rauhe Wirklichkeit ihm zeigte. Wir müssen uns vergegenwärtigen, daß das staatliche Recht ebenso wie das kirchliche die Ehe mit einer Nonne strengstens verwarf, ja mit dem Tode bedrohte. In der näheren Umgebung Luthers setzte man sich, nachdem das kirchliche Recht dahingefallen war, auch über das staatliche kühn hinweg, und in einem Staat, der von Friedrich dem Weisen regiert wurde, ward keinem solchen Paar ein Härchen gekrümmt. Anders in der freien Reichsstadt Nürnberg, die unmittelbar unter des Kaisers Schutz und Regimente stand. Die Eltern Baumgärtners

hätten nach dem damaligen Stand der Dinge unberechenbare
Folgen über ihren Sohn und über ihr ganzes Haus heraufbe-
schworen, wenn sie die Einwilligung zu diesem Verlöbnis gegeben
hätten, zumal der junge Hieronymus, entsprechend der Über-
lieferung seines ganzen Hauses, zum öffentlichen Dienste seiner
Vaterstadt bestimmt war, in dem er nachmals jahrzehntelang im
Segen gewirkt hat.

So folgte nun für Katharina eine lange, bange Wartezeit, in
der sie wohl jeden Morgen klopfenden Herzens nach dem Briefboten
ausgeschaut hat. Woche um Woche verging, aber es kam nichts, am
wenigsten Hieronymus selbst. Wir finden es allerdings nicht besonders ehrenhaft von Baumgärtner, daß er es sich auch nicht einmal
eine einzige Zeile kosten ließ, um dem auf ihn wartenden Herzen
eine bestimmte, wenn auch traurige Nachricht zu geben. Er mag
sich gesagt haben, daß er ja eine bindende Verpflichtung, ein Verlöbnis nicht eingegangen habe, und daß keine Antwort auch eine
Antwort sei. Aber er rechnete nicht mit dem zarten Herzen der Frau,
die in solchen Dingen nicht verstandes- und geschäftsmäßig, sondern
gefühlsmäßig denkt. Es ist Tatsache, daß der stillverwundene Gram
über das Ausbleiben jeglicher Nachricht die stolze Katharina, die
über ihre Hoffnungen und ihre Enttäuschung nicht viele Worte
machte, eine Zeitlang aufs Krankenlager warf.

Da war es wieder Luther, der in seiner frisch und fröhlich zu-
greifenden Art nachzuhelfen suchte. Am 12. Oktober 1524 schrieb
er an Baumgärtner: „Wollt Ihr übrigens Eure Ketha von Bora
festhalten, so tut bald dazu, bevor sie ein anderer bekommt, der
schon bei der Hand ist. Sie hat die Liebe zu Euch noch nicht ver-
wunden. Ich würde mich über jede der beiden Verbindungen
wahrhaft freuen". Es ist klar, daß er den jungen Nürnberger hiemit
zu einer gewissen Eifersucht reizen und zur Eile antreiben wollte.
Allein auch dieses Mittel verfing nicht; Baumgärtner schwieg nach
wie vor, und Katharina mußte lernen, diesen ihren ersten Liebes-

traum doch zu verwinden und zu begraben. Und daß sie als tapfere, im Leben geschulte Jungfrau das getan hat, davon wird gleich nachher zu hören sein.

Baumgärtner hat sich 1526, nachdem Käthe längst Luthers Frau geworden war, nach den Begriffen seiner Eltern standesgemäß mit einer Oberamtmannstochter aus Tutzing verheiratet. Die treue Freundschaft, die Luther und seine Gemahlin späterhin mit ihm verband, zeigt aufs schönste, daß Katharina ihm nicht grollte. Und die scherzende Art, in der Luther sie späterhin manchmal mit ihrer ersten Liebe necken durfte, beweist, daß jenes Jugendgefühl in ihrem Herzen längst verklungen war. Am 1. Oktober 1530 sendet Luther in einem Brief von der Feste Koburg an Baumgärtner auch Grüße „von seiner Herrin Käthe, für die er einst geglüht habe". Am 8. Oktober 1541 erzählt er ihm, „seine Frau sei ihm wegen seiner hervorragenden Tugenden in neuer Liebe zugetan und von Herzen wohlgesinnt." Und als über Tisch im Sommer 1543 das Gespräch auf Baumgärtners Tätigkeit und Frömmigkeit und seine eingreifende Fürsorge zum Wohl des nürnbergischen Staats- und Kirchen- wesens gekommen war und Käthe, die nicht von Anfang bei der Sache gewesen war, fragte, von wem denn die Rede sei, da durfte Luther, ohne unfein oder taktlos zu erscheinen, mit lächelndem Ge- sicht ihr antworten: „Deine Flamme, dein alter Liebhaber."

„Bevor sie ein anderer bekommt, der schon bei der Hand ist", hatte Luther im Oktober 1524 geschrieben. Damals also hatte sich bereits ein zweiter Bewerber um Katharinas Hand gefunden. Wer war derselbe? Sicherlich nicht Luther selbst, der damals für sich lediglich noch nicht ans Heiraten dachte. Noch galt für ihn das Wort, das er von der Wartburg an Spalatin geschrieben hatte: „Guter Gott, unsere Wittenberger wollen nun auch noch den Mönchen Weiber geben. Mir aber sollen sie keines aufdrängen!" Und lange Jahre später sagt er einmal in seinen Tischreden: „Wenn ich schon damals hätte freien wollen, so würde ich wohl Ave von Schönfeld

genommen haben; meine Käthe hatte ich damals noch nicht lieb,
denn ich hielt sie verdächtig, als wäre sie stolz und hoffärtig". Der
Bewerber, der von Luther angelegentlich unterstützt wurde, war
vielmehr Kaspar Glatz, lateinisch Glacius, Doktor der Theologie,
Rektor der Wittenberger Hochschule, der auf Luthers Anregung
eben nach Orlamünde gegangen war, um hier die Schwarmgeisterei
auszutreiben, nun das dortige Pfarramt übernommen hatte und
sich wohl nach einer braven, frommen Pfarrfrau sehnen mochte.
Wäre Käthe nur darauf bedacht gewesen, möglichst bald verhei=
ratet und damit versorgt zu sein, so hätte sie hier zugreifen müssen.
Aber daß sie das nicht war, das zeigt der Korb, den Glatz sich bei
ihr holte. Es spricht ungemein für den feinen weiblichen Instinkt,
der sie beseelte, daß sie trotz Luthers Befürwortung zu dem Be=
werber kein Vertrauen fassen konnte. Wie recht sie damit getan,
zeigte sich nicht lange nachher, da Glatz sich als völlig unzuverlässig
erwies und seines Pfarramtes enthoben werden mußte. Aber die
Bewerbung scheint sich durch Monate hingezogen zu haben, und
es mögen neue Wochen geheimer Angst für Käthe gewesen sein,
in denen sie der Sorge lebte, Luther, dessen starken Geist und Willen
sie wohl kannte und verehrte, möchte am Ende seine Absicht durch=
setzen und sie zu der Verbindung mit Glatz nötigen.

In dieser Lage tat sie den Schritt, der aller Wahrscheinlichkeit
nach ihrem Leben die entscheidende Wendung brachte. Im März
1525 weilte der Magdeburger Pfarrer Nikolaus von Amsdorf,
Luthers einstiger Wittenberger Amtsgenosse und vertrauter Freund
und Begleiter auf der Fahrt nach Worms, in Wittenberg auf Be=
such. In ihrer Seelennot begab sich Katharina zu ihm und flehte
ihn an, er möchte doch Luther, der sie an Dr. Glatz verheiraten
wolle, davon abzubringen suchen, denn diesen könnte sie als Gatten
nicht haben. Ein Wort gab dabei das andere; vielleicht hat Amsdorf
eine Bemerkung gemacht, die sich auf den vorhin erwähnten Stolz
Katharinas bezog; jedenfalls hat sie bei dieser Gelegenheit in ihrer

köstlichen, unbefangenen, treuherzigen Natürlichkeit die Äußerung
getan: wenn er (Amsdorf) oder Luther sie zur Gattin begehren
wollte, so würde sie sich nicht weigern. Es ist kein Zweifel, daß
Amsdorf sofort Luther Mitteilung über diese Unterredung gemacht
und damit in dessen Seele eine Flut neuer Gedanken aufgewühlt
hat. Einerseits bestätigte sie ihm sein Urteil über Katharinas Stolz;
denn ein Stolz gehörte dazu, sich eines Mannes wie Luther würdig
zu erachten. Aber der Stolz war ein anderer, als er ihn bis jetzt
an Katharina vermutet; es war der edle Stolz des Weibes, das sich
zu gut ist, ohne Willen sich verheiraten zu lassen. Und die Offenheit, mit der Katharina ihre liebevolle Verehrung für ihn kundtat,
hatte doch auch wieder etwas unsagbar Rührendes und Bestechen-
des; welcher Mann fühlte sich nicht im innersten Herzen gehoben,
wenn er so deutlich, ohne Blume, erführe, wo er als Freier will-
kommen sei?

So schmiedet sich denn in jenen Frühlingstagen von 1525 der
Ring, der die zarte Kette schließt, die ein edles Menschenpaar für
mehr als zwei Jahrzehnte zusammenbindet, und aus dem Jugend-
land der Kinderträume, der Klosterfrömmigkeit und des sehnenden
Hoffens führt Katharinas Leben hinüber in den heiligen Ehestand.

Sechster Abschnitt

Heirat

Merkwürdig lang hat der Reformator, der die Klosterpforten mit kühner Hand gesprengt und selbst schon eine Reihe von Pfarrern, Mönchen und Nonnen verheiratet hatte, mit dem eigenen Eintritt in den Ehestand gezögert und seine klösterliche Lebensweise fortgesetzt, zum großen Befremden mancher treuen Anhänger, die ihm dieses Zuwarten so deuteten, als sei er seiner Grundsätze und der von ihm gepredigten „Freiheit eines Christenmenschen" doch nicht ganz sicher. In Wahrheit zeigt sich in seiner zögernden Stellung der edle konservative Zug seines Wesens, der nicht ohne Not mit äußeren Ordnungen brechen wollte, die innerlich für ihn die Bedeutung verloren hatten.

Wie er schon in der Schrift „An den christlichen Adel deutscher Nation" (1520) die Ehelosigkeit der Geistlichen als wider Gottes Ordnung laufend bekämpft hatte, so führt er in der Schrift „Wider den falsch genannten geistlichen Stand" und in der Predigt „Vom ehelichen Leben", beide von 1522, aus, Gott habe den Ehestand eingesetzt, der somit der älteste Stand sei, viel älter als der der Mönche und Nonnen, und der Herr Christus habe ihn hoch geehrt mit seinem ersten Wunder in Kana wie mit seinen Worten

Matth. 19, 4—6. Darum sei das Joch der Ehelosigkeit eine teuflische Satzung; wer sonst nicht Lust hätte ein Weib zu nehmen, der solle nun zu Leid und Trutz dem Teufel und seiner Lehre eins nehmen.

So erschien Luther die Verehelichung geradezu als eine sittliche und religiöse Pflicht. Wenn er dennoch dieser Pflicht für sich selbst durchaus nicht mit der Eile, die andere anwandten, nachkam, so ist das die beste Widerlegung der immer und immer wieder von katholischer Seite auftauchenden Verleumdung, er habe das ganze Reformationswerk nur begonnen, um selbst aus dem Kloster entlaufen und eine entlaufene Nonne heiraten zu können. Er hat im April 1523 eine ganze Anzahl entlaufener Nonnen kennen gelernt und hat nicht daran gedacht, eine zu ehelichen. Er hat Katharina von Bora kennen gelernt, ehe sie mit Hieronymus Baumgärtner bekannt wurde, und hat nicht die leiseste Neigung verspürt, sie zu heiraten, sonst hätte er nicht zwei andere Heiratspläne für sie befürwortet. Noch am 30. November 1524 schrieb er an eine warme Freundin der evangelischen Sache, Argula von Grumbach geborene von Stauff, die ihn zum Heiraten gemahnte:

„Ich danke dafür, wundere mich auch nicht, daß man solches über mich schwatze, da man noch vieles andere schwatzt. So aber, wie mein Herz bisher gestanden und noch stehet, wird es nicht geschehen, daß ich ein Weib nehme; mein Sinn ist fern vom Heiraten, da ich täglich den Tod und die wohlverdiente Strafe eines Ketzers erwarte."

Der Umschwung seiner Gesinnung trat im Frühjahr 1525 ein. In die tiefsten Regungen und Stimmungen des Menschenherzens ist ja schwer hineinzusehen, selbst bei Luther, der mehr als viele andere seine Herzensgedanken und =erlebnisse in Briefen oder Schriften kundgegeben hat. So ist es für uns nicht nachweisbar, was den Umschwung herbeigeführt hat; wir wissen bloß, daß er zeitlich mit dem vorhin erwähnten Gespräch Katharinas mit Amsdorf nahe zusammenfällt. Dieses hatte im März 1525 stattgefunden,

und damals war es noch Luthers feste Absicht, sie mit Dr. Glatz zu
verheiraten, sonst hätte sie gewiß nicht den immerhin etwas auffallen-
den und mit ihrer sonst gewohnten Zurückhaltung nicht ganz zu-
sammenstimmenden Schritt des Besuchs bei dem unbeweibten
Amsdorf getan. Und keine vier Wochen nachher, am Osterfest, den
16. April, schreibt nun Luther an Spalatin in scherzendem Ton:

„Ihr fragt, warum ich nicht heirate. Darüber dürft Ihr Euch nicht
wundern, da ich doch ein so berüchtigter Liebhaber bin. Da ich so viel von
der Ehe schreibe und mich so viel mit Weibern bemenge, ist es eigentlich
viel mehr wunderbar, daß ich nicht selbst eins geworden bin. Warum also
davon reden, daß ich keine gefreit? I m m e r h i n   h ü t e t   E u c h ,
d a ß   i c h   E u c h   n i c h t   z u v o r k o m m e , so nahe Euch und so fern
mir der Wunsch zur Ehe liegt. Pflegt doch Gott zu wirken, was wir am
wenigsten erwarten."

Noch bestimmter lautet seine Äußerung an den Erzbischof
Albrecht von Mainz, den er am 2. Juni 1525 aufforderte, sein Kur-
fürstentum zu einem weltlichen zu machen und in die Ehe zu treten:

„Wo meine Ehe Euer Kurfürstlichen Gnaden eine Stärkung sein
möchte, wollt ich gar bald bereit sein, E. K. G. zum Exempel vorher zu
traben, nachdem ich doch sonst im Sinne bin, ehe ich aus diesem Leben
scheide, mich in dem Ehestande finden zu lassen, welchen ich von Gott
gefordert achte."

Das überraschendste und klarste Wort aber war schon vier
Wochen zuvor geschrieben worden. Mitten unter den tobenden
Unruhen des Bauernkrieges, die das ganze Reformationswerk in
seinen innersten Gedankengängen und in seinem äußeren Fortgang
aufs schwerste bedrohten und die er in Eisleben durch persönliches
Dazwischentreten zu stillen unternahm, schreibt er in einem Brief
an den Mansfeldischen Rat Dr. Johann Rühel, der ganz von den
tiefen Sorgen jener Tage erfüllt ist, am 4. Mai:

„Kann ich's schicken, dem Teufel zum Trotz, will ich meine Käthe noch
zur Ehe nehmen, ehe denn ich sterbe, wo ich höre, daß sie (die Bauern)

fortfahren. Ich hoffe, sie sollen mir doch nicht meinen Mut und meine
Freude nehmen."

Demnach hat im April 1525 die entscheidende Wendung statt=
gefunden. Näheres über die Umstände wissen wir nicht. Aber es
ist klar, daß, wenn Luther am 4. Mai von „seiner Käthe" spricht,
persönliche Besprechungen mit ihr schon zuvor stattgefunden haben
müssen und er ihrer Einwilligung zur Heirat gewiß gewesen sein
mußte. Welche Erwägungen dazu mitwirkten, das ist uns aus
Luthers mündlichen und brieflichen Äußerungen heraus ganz offen
ersichtlich. Es war einerseits das Gefühl tiefer Unbefriedigung über
seine häuslichen Zustände. Das Augustinerkloster in Wittenberg
hatte sich allmählich von seinen Insassen ganz geleert; Luther mit
einem einzigen Klosterbruder war allein noch übriggeblieben und
entbehrte so jeder häuslichen Fürsorge und Bequemlichkeit; hatte
er doch ein ganzes Jahr niemand, der ihm auch nur sein Bett in
Ordnung brachte. Ein zweiter Grund war der Gedanke an seinen
Vater, von dem er wohl wußte, daß er mit seinem Eintritt ins
Mönchtum nie ganz einverstanden gewesen war, und mit dem er bei
seiner Reise nach Eisleben auch persönlich gesprochen hatte; daß
das Bestreben, dem alten Manne noch eine Freude zu machen, bei
seiner Heirat mitgewirkt hat, ersehen wir aus der brieflichen Äuße=
rung an Amsdorf vom 21. Juni 1525:

„Ich gedenke nur noch kurze Zeit zu leben; da wollte ich auch diesen
letzten Gehorsam meinem Vater, der solches von mir begehrte, in der
Hoffnung, Gott werde mir Kinder bescheren, nicht abschlagen. Zugleich
wollt' ich durch mein Beispiel bekräftigen, was ich gelehret habe, da ich
finde, daß viele bei so hellem Licht des Evangeliums noch so kleinmütig
sind."

Endlich hat zweifellos das Gefühl des Mitleids mit der des
Elternhauses entbehrenden Katharina, die nun doch einmal seiner
Fürsorge anvertraut war, wesentlich mitgewirkt: „Gott hat es also
gewollt, daß ich der Verlassenen mich erbarmt habe", hat er später

in den Tischreden gesagt; Mitleid und Liebe sind ja nahe miteinander verwandt. Und wenn er nun durch Amsdorf mit aller
wünschenswerten Deutlichkeit erfahren hatte, daß in Katharinas
Herzen die verehrende Liebe für ihn wohnte und er ihr ein will-
kommener Freier wäre, was Wunder, wenn er sich diesem Gedanken mit der ihm eigenen Raschheit erschloß und in jenen April-
wochen die Jungfrau näher kennen zu lernen unternahm? Zweifellos hat ihn diese nähere Berührung davon überzeugt, daß neben
der spröden, vielleicht etwas herben Zurückhaltung, der sie sich nach
ihrer ganzen klösterlichen Erziehung befliß und die ihm zunächst den
Eindruck der Hoffart (siehe Seite 36) gemacht hatte, in ihrem Herzen eine tiefe, hingebende Demut wohnte.

Daß der Schritt, den er vorhatte, für ihn und seine ganze Sache,
gerade in der Zeit der Bauernunruhen, ein Wagnis ganz besonderer
Art sei, das hat er sich nicht verhehlt. Er wußte genau, daß seine
Heirat seinen Feinden, den Katholiken wie den Schwarmgeistern,
Stoff genug zu übler Nachrede geben werde; er hat ebenso die wohl-
gemeinten Bedenken treuer Freunde gekannt, von denen z. B. der
Wittenberger Jurist Hieronymus Schurf äußerte: „Wenn dieser
Mönch ein Weib nimmt, wird alle Welt und der Teufel selbst lachen,
und jener wird sein ganzes bisheriges Werk zunichte machen".
Aber gerade das war es, was eine so kampfesfrohe Natur wie Luther
reizte: er sagte dagegen: „Kann ich's schicken, so will ich dem Teufel
zum Trotz noch heiraten, und die Engel sollen sich freuen und die
Teufel weinen". Und wenn manche Freunde zwar das Heiraten
an sich billigten, aber nur nicht mit einer Nonne, und rieten: „nicht
diese, sondern eine andere", so war Luther inzwischen seiner Sache
felsenfest gewiß geworden. Denn mit welcher Grundstimmung er
an die Heirat herantrat, das können wir uns bei einer so tief-
frommen, ganz und gar mit seinem Gott lebenden Persönlichkeit
wie Luther eigentlich denken; er verrät aber dieses intimste Geheim-
nis seines Herzens in einem späteren Brief an einen Heirats-

bewerber: „Lieber Gesell, tu wie ich; da ich meine Käthe wollt nehmen, da bat ich unsern Herrn Gott mit Ernst; das tu du auch!"

Auch eine so rasche, impulsive Natur wie Luther hätte zweifellos die Heirat in jenen furchtbar ernsten Zeiten nicht so beschleunigt, wie es nun tatsächlich geschah, wenn nicht ein besonderer Umstand ihn dazu getrieben hätte. In jenen Maientagen des Jahres 1525 fiel die Entscheidung in der Bauernsache, die den Aufstand in Strö= men von Blut erstickte, und eine Flut von Unmut und Groll richtete sich gegen Luther, der anfangs den Bauern so freundlich gesinnt war und nun mit seinem Sendschreiben „wider die räuberischen und mörderischen Rotten der Bauern" deren Sache schmählich ver= lassen zu haben schien, und der jetzt fürchten mußte, seine ganze Saat sei dem Untergang preisgegeben. Wenn er trotz all dieser schweren Sorgen, die Tag und Nacht durch sein Gemüt stürmten, dennoch den Mut fand, sofort „seine Käthe zur Ehe zu nehmen", so war daran eine häßliche Nachrede schuld, die die giftige Verleumdungs= sucht seiner Gegner über ihn und Katharina ausstreute. Wenn= gleich seine und ihre Reinheit turmhoch über diesem gemeinen Lügenwerke stand, so mußte er doch, wie solche Dinge im Mund der Leute anschwellen konnten und was er seinem und ihrem Rufe schuldig war. So kam es zu dem auch die Freunde überraschenden Vollzug der Heirat am 13. Juni 1525.

An diesem Tage, dem Dienstag nach dem Feste der Drei= einigkeit, hat Luther, wie Melanchthon schreibt, „die weihevollen Gebräuche, wie sie bei einer Eheschließung üblich sind, vollzogen". Nicht im Reichenbachschen Hause, wie eine spätere Darstellung er= zählt, fand die Vermählung statt, noch weniger bildete sie eine Überraschung für Katharina, die angeblich gar nicht gewußt haben sollte, ob die ganze Sache Ernst sei oder nicht; davon kann ja nach allem, was wir gehört haben, gar keine Rede sein. Vielmehr hat Luther die Feierlichkeit in seiner eigenen Wohnung, dem „Schwarzen Kloster" abgehalten, das schon damals durch kurfürstliche Gnade als

Wohnsitz des Doktorpaars vorgesehen war. Die Formen der Eheschließung waren damals andere als zu unserer Zeit: das öffent-
liche Recht verlangte nichts weiter als den von beiden Verlobten
vor Zeugen, insbesondere einem sog. Fürsprecher, gewöhnlich dem
Pfarrer, ausgesprochenen Entschluß, einander zum ehelichen Gemahl zu haben. Auf den Abend des 13. Juni hatte Luther einen
kleinen, wohlausgewählten Kreis von Freunden als Trauzeugen
zu sich geladen; es waren der Stadtpfarrer Johannes Bugenhagen
und der Propst des Allerheiligenstifts Justus Jonas als Vertreter
der Kirche; der Professor des Kirchenrechts Dr. Apel, ein früherer
Domherr, der auch eine Nonne geheiratet hatte, als Vertreter der
Hochschule, der zugleich den schriftlichen Ehevertrag aufsetzte, welcher
unserer heutigen standesamtlichen Eheschließung entsprach; der
Ratsherr und Kämmerer Lukas Cranach mit seiner Frau Barbara
als Vertreter der Stadt und der Bürgerschaft. Vor diesen Zeugen
erklärten die beiden Verlobten ihren Entschluß und wurden hierauf
durch den ersten Geistlichen der Stadt, Bugenhagen, „zusammen-
gegeben", das heißt: die Kirche legte auf die schon rechtsgültig ge-
schlossene Ehe ihren Segen. Am andern Morgen waren die Genannten noch einmal ins Schwarze Kloster eingeladen, wo Frau
Dr. Luther ihnen ein festliches Frühmahl zugerichtet hatte. Was
sie ihnen dabei aufgetischt hat, das wissen wir nicht; aber wir
wissen, daß die Stadt Wittenberg in der Frühe des Tages als
„Verehrung" ein Stübchen (= 4 Liter) Rheinwein, ein Stübchen
Malvasier und 1½ Stübchen Frankenwein gesandt hatte.

Mit Windeseile verbreitete sich die Nachricht von der Ehe-
schließung des gebannten Luther mit der entlaufenen Nonne.
Jonas schrieb am 14. Juni, gerade ehe er zum Frühmahl ging, an
Spalatin:

„Luther hat Katharina von Bora zur Frau genommen. Gestern war
ich dabei; ich konnte bei diesem Schauspiel die Tränen nicht zurückhalten;
es hat mir, ich weiß nicht, was für eine Aufwallung mächtig die Seele

bewegt. Nachdem es nun also geschehen ist und Gott es gewollt hat, erflehe ich dem trefflichen, lauteren Manne und teuren Vater in dem Herrn alles Glück; Gott ist wunderbar in seinen Ratschlägen und Werken."

Ganz anders dachte über die Heirat Philipp Melanchthon, theologisch der vertraute Geistesgenosse Luthers, aber als Mensch ängstlich und bänglich, kleinlich und peinlich. Eben aus diesem Grunde mag ihn Luther zum Hochzeitsabend nicht eingeladen haben, er wollte frohe Gesichter um sich sehen. Das hat aber wiederum Melanchthon verstimmt, und mit Bedauern lesen wir in einem grämlichen Briefe an den Humanisten Joachim Camerarius:

„In dieser unglücklichen Zeit, wo alle frommen und rechtschaffenen Männer an allen Orten Leid tragen, scheint Luther sich über dieses gegenwärtige Unglück nicht nur nicht zu betrüben, sondern sich um dasselbe gar nicht zu bekümmern. Er ist ja aufs leichteste zu behandeln, und die Nonnen, die sich auf alle Künste verstehen, haben ihn so weit gebracht. Auch hat der viele Umgang mit denselben, obwohl er edeldenkend und großmütig ist, ihn weich gemacht, und seine Natur hat sich wohl auch entzündet. So scheint er auf diesen unzeitgemäßen Wechsel des Lebens hereingefallen zu sein."

Auch sonst waren die Urteile recht geteilt: die wahren Freunde Luthers waren hoch erfreut, daß er seine Lehre von der Göttlichkeit des Ehestandes und von der Ungültigkeit der Mönchs= und Nonnengelübde nun in die Tat umgesetzt hatte. Die Gegner aber bewarfen die junge Ehe mit giftigem Spott und Hohn, ja dem Schmutz gemeinster Verdächtigung und Verleumdung. Der alte grimmige Gegner, Herzog Georg der Bärtige von Sachsen, hält ihm vor, Habsucht und Ehrgeiz haben ihn verführt, der Stachel des Fleisches habe ihn betrogen, eine schöne Eva habe ihn verlockt; er habe die Mönche aus dem Schwarzen Kloster hinausgetrieben, um desto mehr Raum zur Wohnung mit seiner Käthe zu haben. In ähnlicher Tonart ergeht sich der König von England, Heinrich der Achte, der berüchtigte Frauenmörder: mit schimpflicher Lust habe Luther eine von Gott geheiligte Nonne geschändet und andere dazu ver=

leitet, ein Gleiches zu tun. In dichterischer Form beschäftigte sich
ein anderer alter Gegner Luthers mit der Heirat, Hieronymus
Emser in Leipzig, der ein lateinisches Spottgedicht von wirklich
gemeinem Inhalt verfertigte, desgleichen 1528 zwei junge Leipziger
Magister, Joachim von der Heyden und Johannes Hasenberg; ja
noch 1538 Simon Lemnius und Johannes Cochläus. Mehr von
der komischen Seite nahm die Heirat der kluge Spötter Desiderius
Erasmus in Rotterdam, der unter Bezugnahme auf die alte Weis=
sagung, der Antichrist (2. Thessal. 2, 3 ff.) werde aus der Ver=
bindung eines Mönchs mit einer Nonne hervorgehen, jetzt, wo eine
solche Verbindung vor aller Welt Augen vollzogen war, meinte:
wenn die Fabel wahr wäre, dann müßte die Welt schon lange voll
von Antichristen sein. Luther ließ sich weder hievon noch von dem
kläglichen Achselzucken und ärgerlichen Stirnrunzeln anderer einen
Augenblick aus seiner gelassenen Ruhe bringen; er wußte, mit wem
seine Heirat besprochen und daß sie vor Gott recht war. Über die
Schmähschriften und =gedichte lachte er und verschmähte es, auf
dieselben zu antworten: „Wir wollen uns nicht in den Dreck mit
ihnen legen. Es ist genug, daß sie solches lügen". Dagegen schreibt
er am 17. Juni 1525 an seinen alten Ordensbruder, den nunmehrigen
Hofprediger Michael Stiefel in Mansfeld, in seinem frohen Glauben:

„Bitte für mich, daß Gott mir den neuen Lebensstand segne und heilige.
Der Herr lebt, und der in uns ist, ist größer denn der in der Welt ist, also
daß wir zuversichtlich sagen dürfen: Der Herr ist mein Helfer, ich will mich
nicht fürchten, was sollte mir ein Mensch tun?"

Aber Luther hatte in diesen Tagen noch andere, fröhlichere
Briefe zu schreiben. Er hatte in seinem Glück noch Größeres im
Sinn, als was am 13. und 14. Juni in der Eile hatte geschehen
können, nämlich einen öffentlichen Kirchgang und ein festliches
Hochzeitmahl. Beides sollte am Dienstag den 27. Juni statt=
finden, und Luther hat alle Hände voll zu tun mit den Vorberei=
tungen und Einladungen.

Die erste und wichtigste war die nach Mansfeld, wo das alte
Pärchen wohnte, dem der Sohn so unendlich viel Dank schuldete.
Jetzt ist nichts mehr von Todesahnung und Todessehnsucht zu hören,
wenn er an die Mansfelder Freunde Johann Rühel, Johann Thür
und Kaspar Müller am 15. Juni 1525 schreibt:

„Nun sind Herren, Pfaffen, Bauern, alles wider mich und dräuen mir
den Tod. Wohlan, weil sie denn toll und töricht sind, will ich mich auch
schicken, soviel ich kann, und sie noch viel toller und törichter machen. So
hab ich nu aus Begehr meines lieben Vaters mich verehelicht und um
dieser Mäuler willen mit Eile beigelegen; bin Willens, auf Dienstags über
acht Tage eine kleine Freude und Heimfahrt zu machen. Solches hab ich
euch als guter Freund nicht wollen bergen und bitte, daß ihr den Segen
helft drüber sprechen. Wo ihr von gutem Willen selbs wolltet oder könntet
samt meinem lieben Vater und Mutter kommen, möget ihr selbs wohl
ermessen, daß mir's eine besondere Freude wäre; und was ihr mitbrächtet
von guten Freunden zu meiner Armut, wäre mir lieb, ohne daß ich bitte.“

Solche Briefe gingen in diesen Tagen manche ins Land. Der
launigste ist der an den Nonnenbefreier Leonhard Koppe in Torgau
vom 21. Juni, interessant besonders dadurch, daß die Frau Doktor
hier nach achttägigem Ehestand schon mit dem Herrentitel benamst
wird, den ihr Luther später in gutmütigem Scherz so oft gegeben
hat.

„Gnad und Fried in Christo! Würdiger Herr Prior und Vater! Es
hat mich Gott gefangen plötzlich und unvorhersehens mit dem Bande der
heiligen Ehe, daß ich dasselbe muß bestätigen mit einer Kollation (Mahl-
zeit) auf den Dienstag. Daß nu mein Vater und Mutter und alle guten
Freunde desto fröhlicher sein, läßt euch mein Herr Caterin freundlich
bitten, daß ihr uns zum guten Trunk ein Faß besten torgischen Biers, so
ihr bekommen mögt, wollet anher auf meine Kosten und aufs aller-
schnellste führen lassen. Es muß ausrugig (abgelagert) und kühle werden,
daß es wohl schmecke, und setze die Straf drauf, wo es nicht gut ist, daß ihrs
allein sollt aussaufen. Zudem bitt ich, daß ihr zusamt eurer Frau nicht
wollet außenbleiben und fröhlich erscheinen.“

Wer von den manchen Geladenen bei der kirchlichen Einsegnung und dem Hochzeitessen, das schon um 10 Uhr vormittags stattfand, anwesend war und was es außer dem Wildbret, das Spalatin zu liefern hatte, dabei zu essen gab, wissen wir nicht; bloß das eine ist sicher, daß die liebsten und gefeiertsten Hochzeitgäste die alten Eltern aus Mansfeld waren, die damit endgültig mit dem Sohn ausgesöhnt waren.

Zur frohen Hochzeit gibt es Hochzeitgeschenke; auch dem jungen Paar im Schwarzen Kloster fehlte es nicht an solchen, großen und kleinen. Das größte war das des Kurfürsten Johann, der 100 Gulden zur ersten Einrichtung schenkte und außerdem den Neuvermählten das nun ganz leerstehende Augustinerkloster als „Freihaus" d. h. als mietfreie Wohnung überließ; 7 Jahre später wurde daraus eine eigentliche Schenkung (siehe Seite 54). Die Stadt Wittenberg sandte 20 Gulden und ein Faß des berühmten Einbecker Biers; die Universität einen großen silbernen Prunkbecher, aus 84 Lot feinen Silbers getrieben und fast einen halben Meter hoch, der jetzt Eigentum der Universität Greifswald ist. Er trägt am Fuß die Inschrift:

„Die löbliche Universitet der Churf. Statt Wittenberg verehret dieses Brautgeschenke H. D. Martino Luthern und seiner Jungfrauw Kethe von Bore. Anno 1525. Die Martis post festum Johannis Babtistae" (d. h. am Dienstag nach dem Feiertag Johannes des Täufers).

Erzbischof Albrecht von Mainz, mit dem Luther so manche Fehde gehabt, schickte durch Dr. Rühel 20 Goldgulden; Luther, der in dieser Gabe einen Hohn auf seine Armut sah, lehnte sie ab, aber Frau Käthe, die wir schon hier ganz in ihrem Element des Zusammensparens kennen lernen, verständigte sich schnell mit dem Mansfelder Verwandten dahin, daß er die 20 Gulden ruhig dalassen solle.

Interessante Kunststücke der damaligen Goldschmiedekunst sind die Trauringe der beiden Gatten. Der Luthers ist im Museum zu

Braunschweig zu sehen. Es ist ein goldener Doppelreif, in dessen obere Fläche ein Diamant, das Sinnbild der Treue, und ein Rubin, das der Liebe, eingelassen ist; beim Auseinanderschieben zeigen sich unter dem Diamanten die Buchstaben MLD (Martin Luther, Doktor), unter dem Rubin die Buchstaben CVB (Katharina von Bora); auf der inneren Seite der Reifen steht: WAS . GOT . ZU . SAMEN . FIEGET . SOL . KEIN . MENSCH . SCHEIDEN. — Der Ring Katharinas dagegen liegt im Kunstgewerbemuseum zu Leipzig; er hat in der Mitte einen Rubin, zu dessen Seiten sind der gekreuzigte Christus und die Marterwerkzeuge zu sehen, und innen im Reif steht: D . MARTINUS . LUTHERUS-CATHARINA.V.BOREN.13. JUNI 1525. 1817 wurden von letzterem Ring gute Nachbildungen aus echtem Golde in den Handel gebracht; vielleicht hat eine Leserin dieses Buches auch einen solchen ererbt.

Wir schließen den Abschnitt von Katharinas Heirat mit Luthers Wort an einen besorgten Freund:

„Ist meine Ehe Gottes Werk, so darf man sich nicht wundern, wenn das Fleisch sich daran stößt. Würde sich die Welt nicht an uns ärgern, so würde ich mich an ihr ärgern, denn ich würde fürchten, was wir vornehmen, sei nicht von Gott. Nun jene sich ärgert und mich nicht leiden mag, erbaue und tröste ich mich in ihm."

Das war das beste Leitwort und die schönste Stimmung für Katharinas Ehestand.

Siebenter Abschnitt
Haus und Hof

Wie Katharina von Bora am 13. Juni 1525, so betreten wir nun im Geiste das Haus, das ihr von ihrem Hochzeittag bis nahe an ihren Tod, kurze Unterbrechungen abgerechnet, für die zweite Hälfte ihres Lebens 26 Jahre lang Obdach und Herberge gewesen ist und in dem sich ihr häusliches Glück wie ihr tiefstes Leid abspielte.

Ziemlich am östlichen Anfang der Stadt Wittenberg, nahe dem
einstigen Elstertor, vor dem Luther am 10. Dezember 1520 die päpst-
liche Bannandrohungsbulle verbrannt hatte, liegt, heute Nummer 54
der Kollegienstraße, das sogenannte Augusteum, 1564—1583 unter
Kurfürst August, dem Bruder und Nachfolger von Moritz, erbaut,
das dem von König Friedrich Wilhelm III. von Preußen, dem
durch den Wiener Kongreß 1815 der größere Teil des kurfürstlich sächsischen Gebiets, die heutige Provinz Sachsen, zugefallen
war, am 31. Oktober 1817 gestifteten Predigerseminar als Behausung dient. Durch dieses Gebäude hindurch kommen wir in den
geräumigen Klosterhof, der zu Luthers Zeit bis an die Kollegienstraße sich erstreckte und in dem Luther schon als Mönch unter dem
Schatten eines Birnbaumes manche Stunde mit dem General-
vikar Staupitz gesessen und seine Anliegen besprochen hatte. Er
ist gegen Süden abgeschlossen durch das Gebäude des „Schwarzen
Klosters" (schwarz genannt von der Ordenstracht der Augustiner),
dessen breite, stattliche, gegen die Elbe gerichtete Rückseite dem
Reisenden, der vom Süden kommt, schon auf der Eisenbahn in die
Augen fällt. Die ganze Klosteranlage war mit Beihilfe des Kurfürsten wohl 1502 begonnen und bis zur Reformationszeit noch
nicht zu Ende geführt worden. Aber eben das große, stattliche,
sogenannte Schlaf= und Speisehaus, in dem etwa 40 Mönche
Unterkunft fanden, war seit ein paar Jahren fertig gestellt, als Luther
im Herbst 1508 als Mönch und Professor in Wittenberg Einzug
hielt. In mancherlei Kriegsläuften war das Gebäude arg in Verfall
gekommen; in der Franzosenzeit zu Anfang des 19. Jahrhunderts
diente es als Lazarett für die französische Besatzung und als Magazin.
König Friedrich Wilhelm IV. von Preußen hat es von 1844 an unter
Wahrung der alten spätgotischen Bauformen durch den berühmten
Baumeister August Stüler gründlich erneuern lassen und ihm die
Gestalt gegeben, in der es sich noch heute darstellt als ziemlich
getreues Bild der Gestalt, die es im 16. Jahrhundert gehabt hat.

Das Schwarze Kloster ist ein stattlicher Bau von drei Stock-
werken, in der Mitte mit einem kuppelgekrönten Treppenturm
geschmückt, der aber erst nach 1564 erbaut wurde. Das Portal,
durch das wir heute eintreten, haben die beiden Gatten 1539/40
durch Vermittlung des Pfarrers Ambrosius Lauterbach in Pirna
anfertigen lassen. Unten befinden sich zwei Steinsitze, die oben je
von einem Baldachin gekrönt sind, darüber läuft das Maßwerk in
einen zierlichen gotischen Spitzgiebel, einen sogenannten „Esels-
rücken" aus. Der Baldachin links zeigt Luthers Kopfbildnis mit
der Altersangabe: „etatis sue 57" und dem (lateinischen) Spruch
Jesaja 30, 15: „Durch Stillesein und Hoffen werde ich stark sein",
einem Lieblingsspruch Luthers. Der Baldachin rechts zeigt Luthers
bekanntes Wappen: von goldenem Ring umschlossen in blauem
Feld eine weiße Rose, deren Blätter ein rotes Herz unter schwarzem
Kreuz umschließen (natürlich im Stein ohne Farben); um das
Wappen steht das Wort VIVIT, d. h. er, nämlich Christus, lebt.
Zwischen den Fenstern der Wohnstube befindet sich seit dem Um-
bau durch Stüler das steinerne Brustbild Luthers mit der Inschrift:
„Hier lebte und wirkte Dr. Martin Luther 1508—1546".

Das untere Stockwerk diente zu Katharinas Zeiten den Zwecken
der ausgedehnten Hauswirtschaft, von der wir bald hören werden;
das mittlere enthielt die Wohnräume, das obere, die früheren
Mönchszellen, diente wohl den zahlreichen Gästen und Kostgängern.
Mit beträchtlichem Aufwand, zu dem teils der Kurfürst, teils die Stadt
beisteuerte, wurde 1525 das Gebäude aus seinem klösterlichen Stand
für die Zwecke eines bürgerlichen Haushalts umgebaut, und zum
erstenmal hatte Käthe dabei Gelegenheit, ihre baulichen Talente
zu betätigen. Sie hat im Lauf der Jahre, besonders in den ersten
ihrer Ehe, um über 1000 Gulden in das Schwarze Kloster hinein-
gebaut. Es lag ihr im Blute, immer wieder neue Verbesserungen
auszudenken und auszuführen; selbst eine Badestube hat sie 1541
einrichten lassen und für Kellerbauten wurden 1532—42 190 Gul-

den ausgegeben, wobei 1532 ein Kellergewölbe plötzlich einstürzte und die Ehegatten, die es eben besichtigten, nur durch ein Wunder dem Tode entgingen.

Steigen wir auf der steinernen Wendeltreppe in dem Treppenturm ein Stockwerk empor, so betreten wir Luthers und Katharinas Wohnräume. Gegen Norden, also gegen den Klosterhof, liegen vier Räume: ein Vorzimmer, die Wohnstube, die Schlafstube und ein weiteres, größeres Eckzimmer. Gegen Süden, also gegen die Elbe, schließen sich noch ein Zimmer, ein kleiner Saal und die Aula an, Räume, die zur Hausandacht und besonders zu den Vorlesungen Luthers dienten, in denen aber auch Festlichkeiten häuslicher Art abgehalten wurden. Das eigentliche Heiligtum der Wohnung ist die Wohnstube, die in ihrer einfachen, behaglichen Schlichtheit mit der gemalten Wand= und Deckentäfelung, dem eichenen Fußboden, dem mächtigen, in fünf Stufen aufgebauten, die Bilder der vier Evangelisten und anderen Schmuck tragenden grünen Kachelofen, der Doppelsitzbank am Fenster, dem Arbeitsplatz von Frau Käthe, den runden Butzenscheiben und Schiebfensterchen das treue Bild ihrer Zeit darbietet, mit dem auch die übrige Einrichtung, wenngleich sie wohl kaum aus Luthers Zeit stammt, doch harmonisch übereinstimmt. Hier haben Luther und Käthe sich ihres Familienglückes gefreut; hier ist er zu Tisch gesessen mit Weib und Kind und so manchen wackeren Gästen und hat in Ernst und Scherz so manches bedeutsame Wort gesprochen, hat gesungen und die Laute geschlagen. Hier waren die bescheidenen Schmuckstücke und Zieraten untergebracht, die allmählich den Hausrat schmückten: ein paar Bilder an der Wand, wie Christus am Kreuz, Maria mit dem Jesuskind im Schoß, Käthes Bild von Cranach; die Schatztruhe, von der wir im nächsten Abschnitt hören werden, eine große Sanduhr und eine mechanische Uhr, ein Geschenk von Nürnberger Verehrern.

Leider ist Luthers Studierstube, das „arm Stublin", darin er „den Papst bestürmt" hatte und das für uns noch mehr den Cha=

rakter eines Heiligtums hätte, nicht mehr zu sehen; sie war wahr=
scheinlich an der Südseite gegen die Elbe in einem viereckigen Turm
eingebaut, der wegen Baufälligkeit im 17. Jahrhundert abge=
brochen wurde.

Das ganze mittlere Geschoß des Hauses ist seit 1883 zu einem
dem Gedächtnis Luthers und der Reformation gewidmeten Mu=
seum eingerichtet, das bei seiner Einweihung durch den damaligen
Kronprinzen Friedrich den Namen Lutherhalle erhalten und im
Jahre 1916 eine Neugestaltung als Reformationsgedenkhalle ge=
funden hat, in deren Sammlungen seit 1917 auch ein Teil des
Untergeschosses miteinbezogen ist. Sie will nicht, wie das an
manchen anderen Lutherstätten der Fall ist, zufällig zusammen=
gewürfelte Luthererinnerungen bergen, sondern die ganze Refor=
mationszeit und ihre Einwirkung auf die Folgezeit dem Beschauer
lebendig machen. Was nur menschenmöglich ist, hat dankbare
Pietät und gelehrte Forschung getan, um Bilder, Ölgemälde,
Stiche und Holzschnitte, Münzen, Medaillen und Medaillons,
Flugschriften und Urkunden, Handschriften von Luther und erste
Druckausgaben seiner Werke, Erinnerungen an seine Zeitgenossen,
Freunde und Feinde, Fürsten und Kriegsleute, Gelehrte und
Künstler zusammenzutragen und zu ordnen, und keine Luther=
sammlung in Deutschland ist so reich und vielseitig wie diese. Eines
der wertvollsten Stücke in ihr ist der Brief, den Luther nach dem
Reichstag zu Worms am 28. April 1521 an Kaiser Karl den V.
schrieb; er wurde, als er 1911 aus Privatbesitz in Leipzig zur Ver=
steigerung kam, von dem amerikanischen Milliardär Pierpont Mor=
gan für 112 000 Mark aufgekauft, Kaiser Wilhelm II. geschenkt
und von diesem der Lutherhalle überwiesen, die ihn als be=
sonderes Schaustück unter Glas und Rahmen bewahrt. Der Haupt=
raum der Lutherhalle ist die oben erwähnte Aula, in der Luther
seine Vorlesungen gehalten und die Schrift ausgelegt hat, ge=
schmückt mit einem riesigen altertümlichen Katheder mit den

Wappen der vier Fakultäten, an den Wänden mit den Bildern
der sächsischen Kurfürsten und den Büsten der preußischen Könige.

Wenn wir alle diese Räume durchwandern, in denen sich einst
das häusliche Glück und Leid Frau Käthes abgespielt und die „Tages-
Arbeit, abends Gäste, saure Wochen, frohe Feste" gesehen haben,
wenn wir dabei im Gedächtnis an Luther des Dichterwortes denken:
„Deines Geistes hab' ich einen Hauch verspürt", so kann und soll
das nicht geschehen, ohne daß wir in Treuen auch des guten Haus-
geistes gedenken, der Luther erst ganz zu dem gemacht hat, was er
uns ist: zum Menschen, zum Haus- und Familienvater.

War ihm das Gebäude des Schwarzen Klosters anfänglich nur als
„Freihaus", das heißt als freie Dienstwohnung überlassen, so hat
die Dankbarkeit des Kurfürsten Johann des Beständigen, der
seinem Bruder Friedrich dem Weisen am 5. Mai 1525 auf dem
Thron nachgefolgt war, ein halbes Jahr vor seinem Tode (16. August
1532) das ganze Haus durch rechtsgültige Verschreibung zu Luthers
Eigentum gemacht. Die am 4. Februar 1532 zu Torgau ausge-
stellte Urkunde über diese großzügige Schenkung lautet:

„Von Gottes Gnaden Wir Johann Herzog zu Sachsen tun kund männiglich: Nachdem der ehrwürdig und hochgelahrte, unser lieber, andächtiger
Herr Martin Luther D. aus sonderlicher Gnad und Schickung Gottes sich
fast von Anfang bei unserer Universität zu Wittenberg mit Lesen in der
Heiligen Schrift, Predigen, Ausbreitung und Verkündung des heiligen
Evangelii bemüht, so haben Wir in Erwägung des alles und aus Unser
selbsteigenem Bewegnis unersucht obgenanntem D. Martin Luther, Katherin, seinem ehelichen Weib, und ihrer beider Leibeserben, Söhnen und
Töchtern, die neue Behausung in unserer Stadt Wittenberg, welche
hievor das Schwarze Kloster genannt ist worden, darinnen Herr D. Martinus eine Zeit her gewohnet und noch, mit seinem Begreif und Umfang
samt dem Garten und Hof davor gelegen, nichts davon ausgeschlossen,
sondern in allermaßen er dasselbige Haus jetzt besitzt, gebraucht und inne
hat, zu einem rechten freien Erbe verschrieben und sie damit begabt und
begnadet als ihr Eigen und Gut, geben euch vielgenanntem Doktor und

seiner ehelichen Hausfrau aus sonderlichen Gnaden diese Freiheiten, daß
sie zu ihrer beiden Lebtagen aller bürgerlichen Bürden und Lasten be=
rührter Behausung in gemeldter Unserer Stadt Wittenberg frei sein
sollen, also daß sie keinen Schoß noch andere Pflicht wie Wachen und
dergleichen davon sollen tun, und mögen gleichwohl brauen, mälzen
schänken, Vieh halten und andere bürgerliche Hantierung gleich andern
Unsern Bürgern und Einwohnern zu Wittenberg treiben."

Wäre Käthe auf dem väterlichen Gute Lippendorf groß ge=
wachsen und hätte sie einem adligen Herrn die Hand zum Lebens=
bunde gegeben, sie hätte nicht leicht einen stattlicheren Rittersitz
einnehmen können, als dieses weiträumige, neue, wohlherge=
richtete Haus mit seinen hohen, weiten Gelassen und seinen vielen
Nebenräumen, so ganz geschaffen für eine Grundbesitzerstochter,
der vom Lande her das Wirtschaften im Blute liegt und die es
verstand, was sie besaß, zu erwerben, das heißt nach ihrem Sinne
um= und auszugestalten. Wir werden in einem späteren Abschnitt
von ihrer weitverzweigten Wirtschaft und ihren vielseitigen Haus=
frauentalenten hören. Und wir haben schon gehört, wie baulustig
sie war; sie war es aber nicht bloß zum Zweck der Verschönerung
des Hauses, sondern aus ganz praktischen Beweggründen: sie baute
vor allem Ställe für Geflügel, Rinder, Kühe, Schweine, Pferde,
aus denen sie für ihren immer größer werdenden Haushalt Nah=
rung, Nutzen und Hilfeleistung zu ziehen wußte.

Aber ihre Domäne war nicht bloß das Gebäude des Schwarzen
Klosters, sondern dessen ganzer „Begreif und Umfang samt dem
Garten und Hof, davor gelegen". Und so müssen wir uns auch noch
in der näheren und ferneren Umgebung des Hauses etwas um=
sehen. Vor dem Kloster lag der große Hof, der zur Zeit vor Käthes
Heirat mit etwa 20jährigen, also wohltragenden Birnbäumen be=
pflanzt war. An seiner Westseite lagen die Ställe und Schuppen
sowie das Brauhaus, von dem wir später noch erfahren werden.
Zwischen diesem und dem Kloster führte ein Durchgang in den

eigentlichen Klostergarten, der auf der Südseite des Gebäudes,
gegen die Elbe hin lag. Auch er wird, wie das Haus, in der Zeit der
Entleerung des Klosters zur Wüste geworden sein, denn Luther
hatte in jenen Jahren anderes zu tun als Gartenbau zu treiben.
Aber mit frischer Hand griff Katharina, die, wer weiß, schon in
Nimbschen mit dem Klostergarten zu tun gehabt hatte, ein und
wußte den Garten instand zu setzen und etwas aus ihm herauszu-
ziehen. Dazu sollte man freilich Wasser haben, und die Elbe war
doch ein gutes Stück Weg entfernt. Aber ihr gesunder Sinn sagte
ihr, daß in der Nähe des Flusses Grundwasser sein müsse, nach dem
man nur zu graben brauche. So wurde ein Brunnen gegraben,
der freilich ein gehöriges Geld kostete. Aber als er fertig ausge-
schachtet und aufgemauert war, hören wir doch Luthers Freude
herausklingen aus den Zeilen an Spalatin vom 17. Juli 1526:
„Ich habe einen Garten gepflanzt und einen Brunnen gebaut.
Komm, und du sollst mit Lilien und Rosen bekränzt werden."
Das war 10 Tage nach Hänschens Geburt. Wir können uns denken,
daß Luther selbst weder den Garten gepflanzt noch den Brunnen
gebaut hat; wie wenig hat Frau Käthe doch in jenen für sie
beschwerlichen Frühjahrstagen der Ruhe gepflegt!

Schon im Jahr darauf scheint der Klostergarten den Haus-
haltungsbedürfnissen oder dem regen Geiste Frau Käthes nicht
mehr genügt zu haben; sie betrieb mit Eifer den Kauf eines zweiten
Gartens vor der Stadt, im „Eichenpfuhl". Jene Zeit war für
Luthers Geldbeutel die schlimmste; es hatten sogar Schulden gemacht
werden müssen, und so konnte er sich zu dem Gartenkauf nicht verstehen. Aber etwa im Jahr 1530 mußte er, ob er wollte oder nicht:
Katharina hatte zu der Kunst der schmeichelnden Bitten die der Tränen
gelernt, und denen gegenüber war selbst ein Held und Streiter wie
Luther machtlos; das Gärtchen wurde um 90 Gulden gekauft.

Ein dritter Garten folgte in den dreißiger Jahren nach. Klaus
Bildenhauer wollte altershalber seinen Garten „am Saumarkt",

unweit vom heutigen Postamt, verkaufen, und Katharina war
Feuer und Flamme für den Kauf. Diesmal scheint es keine
Tränen gekostet zu haben; die äußeren Verhältnisse des Hauses
hatten sich dank ihrem Fleiß und ihrer Sparsamkeit so gehoben,
daß Luther die 900 Gulden Kaufpreis wagen konnte. Dieser Garten
trug nicht nur Obst in Hülle und Fülle, sondern ein Bächlein, das sich
hindurchschlängelte, bildete auch einen Fischweiher, in dem Forellen
und Schmerlen, Kaulbärsche, Hechte und Karpfen gezogen wurden.

Als im Jahre 1544 ein Hopfengarten „an der Specke" um
375 Gulden käuflich wurde, besann sich Frau Käthe wiederum nicht
lange; wir hören später, daß sie die ihr vom Kurfürsten verliehene
Braugerechtigkeit klüglich auszuüben verstand.

Daß auch dieser vierfache Gartenbesitz in Wittenberg dem um-
triebigen Geist Frau Käthes nicht genügte, sondern sie noch ein
Landgut erwarb und bewirtschaftete, dem wird ein ganzer Abschnitt unseres Buches, der dreizehnte, der „die Gutsherrin" schildert, gewidmet sein.

Endlich aber kam zu den Gärten auch noch ein Hauskauf hinzu.
Der ging aber freilich nicht von Frau Käthe, sondern von Luther
selbst aus, der besorgte, Käthe würde nach seinem Tode das große
Haus mit seinen ewigen Ausbesserungsarbeiten und -kosten nicht
halten können. Luthers letzter Klostergenosse Eberhard Brisger
hatte beim Verlassen des Klosters ein kleines Häuschen westlich vom
Eingang in den Klosterhof bezogen und später an seinen Freund
Bruno Bauer verkauft. Als dieser 1541 als Pfarrer nach Dobien
abging, kaufte ihm Luther das Häuschen um 375 Gulden ab als
Witwensitz für seine Frau. Freilich hat ihm in seinen fünf letzten
Lebensjahren das „Haus Bruno" wenig Freude gemacht; es war
baufällig und forderte 70 Gulden Erneuerungskosten, und die
hineingesetzten Mieter brachten mancherlei Ärger und Unlust.

So hat sich im Lauf der Jahre ein stattlicher Grundbesitz unter
den Händen von Frau Käthe angerundet; „es wachsen die Räume,

es dehnt ſich das Haus". 1542 ſchätzte Luther ſein Grundeigentum
in Wittenberg auf 5000 Gulden: ein ſtattlicher Beſitz für ein Ehe=
paar, das mit nichts angefangen hatte. Aber ohne dieſe Güter
hätte Käthe ihren großen Haushalt überhaupt nicht führen können:
hier wuchs ihr, was ſie in Küche und Keller brauchte, und mit den
Erträgen ihrer Gärten und ihrer Wirtſchaft ward mancher Gulden
verdient, den ſie in dem Umtrieb ihres Haushalts recht gut brauchen
konnte. In dieſen treten wir nun hinein.

Achter Abſchnitt

Hausfrauenſorge

Unter den manchen Ehrenzeugniſſen, die wir aus Luthers
Munde über Katharina haben, iſt eines der anmutigſten das aus
einer Tiſchrede anfangs der dreißiger Jahre: „Käthe von Bora iſt
der Morgenſtern von Wittenberg". Damit hat er ihren uner=
müdlichen Fleiß und ihre Tag und Nacht bereite Hausfrauenſorge
zeichnen wollen: wie der Morgenſtern dem Anbruch des Tages
vorhergeht, ſo iſt ſie frühmorgens die erſte. Der Name iſt unter den
Studenten geflügelt geworden; er verdient es, daß auch heute
ſeiner gedacht wird, und darum haben wir ihn dieſem Buche zum
Titel gegeben.

Das Lob hat auch die gehäſſigſte Feindſchaft, an der es auch
dieſer Ehe nicht gefehlt hat, an Katharina unangetaſtet gelaſſen, daß
ſie eine ausgezeichnete Hausfrau war. Der Wirtſchaftsbetrieb
mochte ihr von der Mutter her, zu deren Zeiten das Gut Lippendorf
noch anſehnlicher war, im Blute liegen. Ob ſie im Kloſter mit
Hauswirtſchaft zu tun gehabt hat, iſt fraglich. Aber im Reichen=
bachſchen Hauſe hat ſie ihr Talent meſſen und entfalten gelernt, und
ſchließlich iſt es ihr ergangen nach dem Sprichwort: „Im Waſſer
lernt man ſchwimmen". Und Luther hat bald genug und zu ſeiner

tiefften Befriedigung fich davon überzeugt, was für einen haus=
fraulichen Schatz er an seiner Käthe erworben. Je mehr er seine
eigene Unfähigkeit zu geordneter Haushaltführung einsah: „Ich bin
zur Haushaltung sehr ungeschickt und fahrläffig, ich kann mich in
das Haushalten nicht richten", desto lieber hat er die Überlegenheit
des anderen Geschlechts in diesem Punkte anerkannt: „Wenn man
dies Geschlecht, das Weibervolk, nicht hätte, so fiele die Haushaltung,
und alles, was dazu gehört, läge gar darnieder"; desto lieber hat
er die Zügel seines Hauswesens ganz und gar in die Hände seiner
Frau gelegt: „Im Hause gestehe ich ihr die Herrschaft zu, unbe=
schadet meines Rechts. Meine Frau kann mich überreden, wie oft
sie will, denn sie hat die ganze Herrschaft allein in ihrer Hand und
ich gestehe ihr auch gerne die gesamte Hauswirtschaft zu."

Und merkwürdig: so tief bescheiden und demütig Käthe war,
die ja ihren Mann im Beisein anderer immer nur mit „Herr Dok=
tor" und „Ihr" anredete und sich vor seiner überragenden Größe
in innigster Verehrung beugte, auf ihrem hausfraulichen Gebiete
hat die sich ihres Wertes wohl bewußte „Doktorissa", wie die Stu=
denten sie nannten, ihr Regiment, und zwar auch über ihren Gatten,
mit fester und energischer Hand, ebenso wohlwollend als entschieden,
geführt. Daß sie Neigung haben werde, ihren eigenen Kopf und
Willen in der Ehe zur Geltung zu bringen, hat Luther schon vor
der Hochzeit vermutet und hat Recht damit behalten: das adlige
Blut hat ihr unfraglich eine leitende, herrschende Ader gegeben.
Aber daß sie ihre Herrschaft im Hause nie mißbraucht, daß sie die
Grenzen, die ihrem Herrschen gezogen waren, genau und gewissen=
haft eingehalten hat, das wird durch nichts besser bewiesen, als durch
die gutmütig scherzende Art, mit der Luther sich dieses Hausregi=
ment, bei dem es ihm so wohl war, gefallen ließ. Wie manchesmal
redet er sie in Briefen an als „Lieber Herr Keth" oder grüßt „seine
gestrenge Herrin und Gebieterin", „seinen freundlichen, lieben
Herrn", „seinen Herrn und Moses Käthe", oder setzt selbst in einem

lateinischen Brief an einen Freund Grüße bei von seinem „Dominus Ketha". Wer so heiter scherzen kann, der fühlt sich nicht unter dem Pantoffel, sondern weiß sich glücklich versorgt.

Das Leben im Schwarzen Kloster begann nach klösterlicher Sitte früh am Tage. Luther hat in langer Mönchszeit gründlich gelernt, den Schlaf zu brechen und ist in seinen besten Mannesjahren um 5 Uhr vom Lager aufgestanden. Aber seine Frau hat ihn in dieser Kunst des Frühaufstehens übertroffen und hat sein Wort: „Arbeite, als ob das Beten nichts vermöchte, und bete, als ob das Arbeiten nichts ausrichte", treulich befolgt. Sie ist in hellen Sommertagen, wenn die Sonne schon früh um 4 Uhr aufging, mit oder vor ihr vom Lager aufgestanden und hat nach dem Rechten gesehen. Wenn der „Morgenstern" aufgegangen und das Frühmahl bereitet war, wurde zuerst die Morgenandacht mit Psalmlesung und Gebet im Kreise aller Hausgenossen — und das waren, wie wir später hören werden, nicht wenige — gehalten und sodann die Frühmahlzeit eingenommen; sie bestand nicht in unserem Kaffee, sondern hab- hafter in Suppe oder Warmbier, Brot, Butter und Käse. Dann begab sich der Doktor in sein Studierzimmer, in dem er sich oft den ganzen Tag über einschloß, um 7 Uhr in seine Vorlesung; Frau Käthe aber machte mit Muhme Lene den Tagesplan und war nun den ganzen Tag auf den Füßen, in der Küche, in den Ställen, in den Gärten, auf dem Markte.

Um 10 Uhr wurde das Mittagsmahl eingenommen, einfach, aber kräftig und gut gewürzt. Frau Käthe muß sich auf die Küche sonderlich verstanden haben: sie wußte reiche Abwechslung auf den Tisch zu bringen und so zu kochen, daß es schmeckte. Sie wollte aber auch, daß ihren Zubereitungen Ehre angetan werde; es wird berichtet, daß sie, wenn die Tischgenossen in angeregte, eifrige Unterhaltung kamen, gerne den Ruf einwerfen konnte: „Warum redet ihr nur unaufhörlich und eßt nicht?" Fleischnahrung wurde reichlich geboten; dazu waren nicht bloß die eigenen Stallungen

da, die Schweine-, Ochsen- und Hammelbraten lieferten, sondern
häufig kam vom Hofe eine willkommene Wildbretsendung. Fische
lieferte der eigene Teich im Garten am Saumarkt; aber auch See-
fische, Stockfisch und Hering hatten ihre Stelle, und Luther selbst
hat den Brathering besonders bevorzugt und manchmal einen
ganzen Tag über nur mit einem Hering vorlieb genommen. Die
Gemüse, Kraut und Rüben, Bohnen und Erbsen lieferten die
eigenen Gärten in Fülle; die Kartoffel war ja damals in Deutschland noch unbekannt und wurde durch Brot ersetzt, das natürlich
die Hausfrau selbst gebacken. Man liebte im Lutherhause ein
gutes Gewürz: neben dem Salz spielten Zwiebeln, Mohn und
Pfeffer eine Rolle, doch war letzterer damals noch sehr teuer und
wurde deshalb sparsam angewandt. Zum Essen liebte aber Luther
einen kräftigen Trunk und bevorzugte stets Frau Käthes selbst-
gebrautes Bier. Als Nachtisch gab es Obst, das die Gärten in ver-
schwenderischer Fülle darboten.

Nach kurzer Mittagspause ging es wieder an die Arbeit. Schon
um 5 Uhr fand die Abendmahlzeit statt, wieder mit warmem Tisch.
Es folgte die Abendandacht mit eigentlicher Hauspredigt. Im
Sommer bei gutem Wetter ging der Hausherr dann gerne noch
ein wenig in die Luft, besah sich die Gärten, schaffte wohl auch
selbst ein wenig mit bei der Gartenarbeit. Und dann kam der Feierabend, den Luther mit anregender Unterhaltung, mit Gesang
und Lautenspiel im Kreis der Kinder und Hausgenossen immer
ganz besonders traulich und gemütvoll zu gestalten wußte, an
dem er sich noch ganz anders als am Mittagstisch als Mensch
erwies, der nichts Menschliches sich fremd erachtet. Auch Frau
Käthe hatte nun wohlverdienten Feierabend. Früh auf und
früh zu Bett, war die Regel im Lutherhause. Um 9 Uhr ver-
ließen die Gäste das Haus, und dann pflegte Luther zu sagen:
„Jetzt heißt es beten und schlafen". Unter dem Fenster seines
Schlafzimmers, das Auge zum Nachthimmel emporgerichtet, be-

sprach er noch einmal den Tageslauf mit seinem Gott, und dann kam die Nachtruhe.

Das ist der äußere Rahmen, in dem sich Frau Katharinas Leben Tag für Tag ohne viele Abwechslung abspielte. Wir haben dieses Gerippe sozusagen mit Fleisch und Blut zu umkleiden, indem wir Näheres zu erfahren suchen über Frau Käthes Haushalt= führung.

Daß eine solche in jedem Hause nötig und daß sie Sache der Frau ist, das ist eine Binsenwahrheit. In Luthers Hause war sie zwei= und dreimal nötig. Denn Luther teilte mit den meisten großen Geistern die Eigenschaft, daß er den Dingen des praktischen Lebens nicht hold war und daß Geld ein Artikel war, mit dem er gar nicht umgehen konnte. Er war Zeit seines Lebens ein schlechter Rechner und zudem ein Mensch von unbegrenzter, fast fürstlicher Freigebigkeit. Der Gehalt, den er nach seinem Austritt aus dem Kloster bezog, war nach unseren Begriffen mehr als bescheiden: es waren anfangs 100, nach der Verheiratung 200, nach der Thron= besteigung Johann Friedrichs (1532) 300, zum Schluß von 1540 an 400 Gulden. In seiner Unbekümmertheit um irdische Dinge kam ihm schon die erste Verdopplung seines Gehalts unermeßlich hoch vor, so daß er die damals von Käthe angeregte Frage, ob er nicht von seinen Studenten Vorlesungsgelder nehmen wolle, glatt ablehnte. Hierüber hat er später gesagt:

„Ich habe Gott Lob genug, der mir Weib und Kinder, den schönsten Segen und einen Kurfürsten bescheret hat, welcher mir aus freien Stücken 200 Gulden jährlich angeboten hat. Sonst hatte ich beschlossen, als ich ein Weib nahm, daß ich für Geld lesen wolle. Aber da mir Gott zuvor= kam, habe ich mein Leben lang kein Buch verkauft noch um Geld gelesen; will auch, wills Gott, den Namen mit ins Grab nehmen."

Damit hat er auch eine andere Einnahmequelle abgelehnt, näm= lich Honorare für seine Schriften. Was hätte dieser Mann bei den zahlreichen und zum Teil umfänglichen Büchern, die er der Mit=

und Nachwelt schenkte und bei der ungeheuren Verbreitung, die sie fanden, an Schriftstellerverdienst einnehmen können, wenn er sich auf den praktisch nüchternen Standpunkt des Geschäftsmanns gestellt hätte! Er hat es aber immer abgelehnt, an seinen Schriften etwas zu verdienen; „umsonst habt ihr's empfangen, umsonst gebt es auch, sagt der Herr Christus"; und so sah er neidlos zu, wie die Buchdrucker durch ihn reich wurden, und begnügte sich nur mit ein paar Freiexemplaren.

Dem Lutherhause flossen freilich außer dem festen Einkommen eine Menge von „Verehrungen" zu, zu denen die Dankbarkeit von Fürsten und Städten, von hoch und nieder, von Freunden und Fremden, sich gedrungen fühlte. Die kurfürstliche Kanzlei lieferte regelmäßig Holz, Korn, Malz, Heu und Wildbret, und es galt für Frau Käthe manchesmal zu mahnen, wenn die Lieferungen nicht so regelmäßig eingingen, wie sie es wünschte und brauchte. Das Predigtamt an der Stadtkirche hat Luther zeitlebens ohne einen Pfennig Gehalt versehen; da war es nicht mehr als recht und billig, daß die Stadt Wittenberg, deren blühender Studentenstand sein Werk war, sich erkenntlich zeigte; sie lieferte Kalk und Steine für die Baulichkeiten, Wein und Bier in den Keller, Leinwand und Tuch zu Kleidern, auch dann und wann Geldgeschenke.

Städte und Landschaften, die der Reformation sich anschlossen, gaben gerne ihrer Dankbarkeit durch ein Geschenk Ausdruck. Wenn Luther davon erfuhr, lehnte er die Gabe regelmäßig ab; er meinte, er wolle nicht in den Verdacht kommen, reich zu sein oder zu werden: „Mir hat niemand etwas zu geben als Nahrung und Kleidung, ich aber habe allen alles zu geben". Unter den Fürsten, die Luther ihren Dank mit Geschenken bezeugten, steht außer seinem Landesherrn obenan der König Christian der Dritte von Dänemark, der als Erkenntlichkeit dafür, daß die dänischen Studenten kein Vorlesungsgeld in Wittenberg zu bezahlen hatten, anfangs Naturalgaben, später jährlich 50 Gulden sandte.

Wieviel Gaben der Dankbarkeit für genossene Gastfreundschaft und andere leibliche und geistliche Wohltaten von Freunden und Fremden ins Haus gestiftet wurden, darüber fehlt uns die volle Übersicht; aber es müssen nicht wenige gewesen sein. In der Schatztruhe des Schwarzen Klosters lag z. B. eine goldene Ehrenkette, die Luther wenigstens einmal in seinem Leben, am 7. November 1535, dem nach Wittenberg gekommenen päpstlichen Gesandten Peter Paul Vergerius zu Ehren anlegte, um sich diesem als den „deutschen Papst" zu zeigen. Ringe und silberne Becher waren in jener Zeit ein sehr beliebtes Ehrengeschenk, und auch deren gab es eine schöne Zahl im Haushalt, deren Wert von Luther 1542 auf 1000 Gulden angegeben wurde. Sie waren Frau Käthes besonderer Schatz und Stolz, soweit der Hausherr nicht in seiner Großzügigkeit sie an Bedürftigere verschenkte, immer zum stillen oder lauten Kummer seiner nüchtern denkenden Hausfrau, die in diesem Punkte bald gewann, bald verlor. Gewonnen hat sie z. B. bei einem wertvollen Venetianerglas, das Luther dem Agricola, der es höchlich bewunderte, zu schenken beschloß; als er es aber absenden wollte, hatte es Frau Käthe beiseite gebracht und es blieb ihm nichts übrig, als dem schon geschriebenen Begleitbrief die Nachricht beizufügen, er sei nicht mächtig, es seiner hinterlistigen Frau zu entreißen, hoffe aber, später seiner habhaft zu werden, worin er sich gründlich getäuscht hat. Verloren hat sie, als ein armer Student um eine Gabe bat und Luther, großherzig wie immer, nach einem silbernen Becher griff; als Frau Käthe mit den Augen ihn bat, doch denselben zu verschonen, machte er kurzen Prozeß und drückte ihn mit starker Hand zusammen: „Geh, verkauf ihn beim Goldschmied, und was du dafür bekommst, ist dein". Verloren hat sie, als er in einem andern Fall, während sie als Wöchnerin das Bett hütete, selbst einen Patenbecher seines jüngsten Kindes wegschenkte; er tröstete sie nach der Entdeckung: „Gott ist reich, er wird anderes bescheren". „Gott gibt genug, und der segnet's, und ich will auch

geben. Liebe Käthe, haben wir nimmer Geld, so müssen die Becher
hernach. Man muß geben, will man anders etwas haben". Daß
er dabei manchesmal einen Mißgriff machte, sah er, leider zu spät,
wohl ein und gestand es seiner Frau ehrlich: „Denke, wie oftmals
wir haben bösen Buben und undankbaren Schülern gegeben, da
es alles verloren gewesen ist". Selbst der Gedanke an die Versorgung seiner Kinder machte ihn in dieser Schenkefreudigkeit nicht
irre: „Geh hin und sei fromm", sagte er einmal zu einem derselben;
„Geld will ich dir nicht lassen, aber einen reichen Gott will ich dir lassen,
der mir dich nicht versäume. Sei nur fromm, da helfe dir Gott zu!"

Zu dieser großartigen Gebefreudigkeit und diesem grenzenlosen
Gottvertrauen konnte sich Frau Käthe, obschon von ganzem Herzen
fromm, doch nicht aufschwingen. Sie stand im praktischen Leben
drin, sie hatte den sich stets vergrößernden Haushalt zu führen und
wußte, daß dazu Mittel und Geld gehörten. Ihr ist es auch nicht zu
verübeln, daß sie an die Zukunft ihrer Kinder dachte: solange Luther
lebte, flossen die Einkünfte und Geschenke reichlich; aber wenn er einmal nicht mehr lebte — und wie oft sprach er von seinem baldigen
Tode! — was sollte dann aus den armen Waislein werden? Wer wird
es ihr also verdenken, wenn sie rechnete, sparte und sammelte, um nicht
bloß leben, sondern auch etwas für die Kinder erübrigen zu können?

Ihr lag die weise Sparsamkeit schon im Blute. Denn wir
hörten oben, daß die Bora nicht eben begütert waren, und sie war
es von Kindheit an gewöhnt, daß man Hab und Gut zusammen-
halten müsse. Auch im Nimbschener Kloster hat sie keinen Luxus,
sondern schmale Klosterkost und kluges Sparen gesehen. Es war
gewiß der allerunangebrachteste Vorwurf, der ihr von mißgünstiger
Seite gemacht wurde, daß sie „vertulich" (verschwenderisch) sei;
der beste Beweis dagegen ist, was sie durch ihre sparsame Hand
erwarb und wie sich die Habe des Lutherhauses, Haus, Hof und
Geldvermögen aus anfänglichen Schulden heraus gehoben hat.
Da und dort wird ihr der Vorwurf der Habsucht und des knauserigen

Geizes gemacht; es fehlt ja nie an solchen, die Geiz von Sparsamkeit nicht zu unterscheiden wissen. Aber nicht nur hat Luther selbst,
der unbefangen genug war, in Briefen und Tischreden die Fehler
seiner Frau offen zu besprechen, niemals auch nur mit einer Silbe
eine Andeutung von zu weit getriebener Sparsamkeit gemacht,
sondern die Tatsachen sprechen eine deutliche Sprache dafür, daß
sie auch freigebig und großzügig sein konnte. Wie sorgsam war sie
z. B. darauf bedacht, daß die Ehrengeschenke in Gold, Silber und
Edelstein immer durch eine Gegengabe, wenn auch nur durch schön
gebundene Exemplare der Schriften ihres Gatten, erwidert wurden! Und wie vornehm hat sie — wir werden im 11. Abschnitt
davon hören — an den Verwandten, den Neffen und Nichten ihres
Mannes besonders, gehandelt und ihnen stattliche Hochzeiten bereitet! Wie fürstlich hat sie in ihrem Hause Gastfreundschaft geübt,
worüber der 12. Abschnitt berichten wird!

Nein, geizig war Käthe nicht, aber sparsam im richtigen Sinn.
Wenn Luther einmal aussprach: „Der Mann soll erwerben, das
Weib aber soll ersparen. Darum kann das Weib den Mann wohl
reich machen, aber nicht der Mann das Weib, denn der ersparte
Pfennig ist besser denn der erworbene", so war das nicht graue
Theorie, sondern Lebenserfahrung und Ehrenzeugnis für seine
Frau. Mit welcher fleißigen Arbeitsamkeit die Frühaufsteherin den
ganzen Tag ihrem Hauswesen vorstand, welch peinliche Ordnungs-
liebe sie in der stark heruntergekommenen Häuslichkeit Luthers ent-
faltete, welch umsichtige Tatkraft ihr ganzes Tun und Lassen
regierte, mit welch praktischem Geschick sie alles anfaßte und durch-
führte, davon war ja teilweise schon die Rede; das waren lauter
Eigenschaften, die im Bunde mit ihrer Sparsamkeit es ihr allein
ermöglichten, den großen Haushalt mit Nutzen zu führen und noch
einen ansehnlichen Sparpfennig zurückzulegen.

An Luther war, wie schon oben erwähnt, das Rechnen eine
schwache Seite. War er im Ehestand auch mehr wie früher veranlaßt,

sich um Geldangelegenheiten zu bekümmern, so hat er es doch immer mit einem gewissen Widerwillen getan und seufzte: „Ich mag nimmer rechnen, es macht einen gar verdrossen, es will zu hoch steigen", wußte sich aber auch in seiner seligen Glaubens= zuversicht zu trösten: „Unser Herr Gott muß der Narren Vormund sein". Einmal aber hat er doch richtig gerechnet und ernstlich über seine Finanzverhältnisse nachgedacht. Das bezeugt uns ein kleines Schriftstück, in dem er behufs Abfassung seines Testaments eine Art Vermögensübersicht zusammengestellt hat, aber nicht kühl und nüchtern rechnerisch, sondern in seiner reizend gemütvoll und naturwahr, neckend=humoristischen Weise. Es heißt: „Wunderliche Rechnung gehalten zwischen D. Martin und Käthen anno 1535/36, das waren zwei halbe Jahr". Er zählt auf, was er alles für Schweine, Ochsen, Getreide usw. bezahlt hatte: die ersten 11 Posten ergeben bereits 389 Gulden. Dann zählt er noch 135 Posten Aus= gaben auf vom Arzt bis zum Kümmel, und schildert launig seine Frau, wie sie immer hinter ihm steht mit ihrer ewig wiederkehren= den Forderung: Gib Geld!

„Gib Geld für Fleisch, Gemüse, Fisch, Geflügel, Brot, Butter, Honig. Gib Geld für Korn, Gerste, Hopfen, Weizen, Mehl, Wein, Bier; gib Geld für Arzt, Apotheker, Hauslehrer, Knechte, Mägde, Hirten; gib Geld für Fleischer, Schuster, Schneider, Kürschner, Böttcher, Grobschmied, Klein= schmied; gib Geld für Leinwand, Betten, Federn, Kannen, Schüsseln, Braugeräte, Geschirr; gib Geld für Bräute und Gevattern, für Bettler und Diebe!"

Dabei kommt ihm das „wunderliche Ding" zum Bewußtsein, daß die Ausgaben größer sind als die Einnahmen, und seine Gedanken nehmen plötzlich, mitten in aller Prosa, dichterische Gestalt an:

„Es gehört gar viel i n ein Haus; willst du es aber rechnen aus,
So muß noch viel mehr gehn h e r a u s; des nimm zum Exempel mein Haus!
Ich armer Mann, so halt ich Haus: wo ich mein Geld soll geben aus,
Da dürft' ichs wohl an sieben Ort, und fehlt mir allweg hier und dort.

Und recht prosaisch fragt er sich dann wieder selbst: „Rate, wo
kommt dies Geld her? Sollte das nicht stinken und Schulden
machen?"

So ist es begreiflich, daß mehr und mehr Frau Käthe zu allen
Haushaltsorgen hin auch das ganze Rechnungs= und Finanzwesen
des Lutherhauses übernahm; sie nahm selbst das Gehalt ein und
quittierte dafür; sie führte die Kasse und brachte Ordnung hinein,
so daß nur selten über Ebbe zu klagen war. Freilich ganz wegge=
bracht hat Käthe die Schulden nicht, was ihr immer überaus peinlich
war. Nach dem Testament Luthers von 1542 betrugen sie sogar
450 Gulden. Aber während den 100 Gulden Schulden von 1527
keinerlei Aktivposten gegenübergestanden hatte, waren diese 450
Gulden durch den wirklichen Wert der Kleinodien mit 1000 Gulden
und den des Grundbesitzes mit etwa 5000 Gulden mehr als reichlich
gedeckt: der beste Beweis für Käthes wirtschaftliches Genie. Wie
hat sie das gemacht? Sie hat unermüdlich auf Einnahmequellen
gesonnen, mit denen sie das „Gib Geld!" umgehen und im Gegen=
teil selbst Geld beschaffen konnte.

Das allererste, was sie anfing, war ein S t u d e n t e n k o s t =
t i s c h , eine sogenannte Burse. Luther hatte schon im unbeweibten
Stande einen umfänglichen Tisch, an den sich Studenten, ver=
triebene Geistliche, entlaufene Mönche und Nonnen und andere
Bedürftige drängten, weil er billig war; er kostete nämlich nichts
als ein Vergelt's Gott! Damit räumte Frau Käthe großenteils
auf. Sie konnte zwar der unbegrenzten Gastlichkeit ihres Mannes
gegen Vertriebene und Obdachlose nicht wehren; aber eben des=
wegen mußte sie den Studenten ein Kostgeld ansetzen. Das hat sie
in kluger Kalkulation der Lebensbedürfnisse getan und zeitweise
den Betrag auch gesteigert, so daß einmal, als sie auf 40 Gulden
jährlich gegangen war, sogar der Kurfürst, offenbar auf erhobene
Klage, eingriff und 30 Gulden als Höchstpreis festsetzte. Gegen eine
andere Klage schritt er natürlich nicht ein, nämlich gegen die, daß

die Frau Doktor verlangte, das Kostgeld solle nicht nur vereinbart, sondern auch bezahlt werden. Und in diesem Punkt verstand sie keinen Spaß: wer seiner Schuldigkeit nicht nachkam, mußte auf das Glück und die Ehre, Luthers Tischgast zu sein, unweigerlich verzichten. Daß Luther ihr in der Gestaltung des Kosttisches völlig freie Hand ließ, ersehen wir aus einem Brief an den Mansfelder Kaspar Müller, der gerne einen Studenten an Luthers Tisch untergebracht hätte, dem aber Luther absagen mußte, weil alles besetzt war:

„Wo aber eine Stätte los würde, als nach Ostern geschehen mag, will ich meinen Willen euch gern dartun, wo anders Herr Käthe alsdann mir gnädig sein wird."

Ein zweites Mittel, den Haushalt zu versorgen und die Einnahmen zu steigern, war der Gartenbau. Wir haben oben (Seite 56) schon gehört, wie Frau Käthe zu dem überkommenen Klostergarten im Lauf der Jahre noch drei weitere Gärten um teures Geld angekauft hat. Wenn wir das bedenken, dann wissen wir auch, was der „Morgenstern von Wittenberg" schon von 4 Uhr früh an zu besorgen hatte. Denn Gärten fordern viel Arbeit, wenn sie anders etwas tragen sollen. Aber Frau Käthe verstand es meisterlich, dem an sich kargen Sandboden der Landschaft („Ländiken, du bist ein Sändiken", scherzte Luther) etwas abzutrotzen. Sie vermochte das nur durch unendlich treue, unermüdliche Kleinarbeit, bei der sie anfangs nur von einer Magd unterstützt wurde. Mit Sachverständnis zog sie ihr Gemüse und ihr Obst, krautete und reutete, grub und setzte Erbsen und Bohnen, Kraut und Rüben, Kohl und Salat, Gurken und Rettiche, Melonen und Kürbisse, zog Äpfel und Birnen, Kirschen und Pfirsiche, Pflaumen und Zwetschgen, Feigen und Weintrauben, Nüsse und Maulbeeren; sie pflanzte und pfropfte, schnitt und erntete; mit Energie bestellte sie auswärts Sämereien oder Obst, das in ihren Gärten nicht zu erzielen war, wie Borsdorfer Äpfel oder Pomeranzen, und auch der Gatte

mußte wohl oder übel manchen solchen Bestellungsbrief schreiben.
Dabei konnte sie auch je und dann ein wenig scharf werden, wenn
die Erledigung der Bestellung ihr zu lange anstand: als die Herings-
sendung einmal ausblieb, fragte sie, ob denn das Meer ausge-
trocknet sei, daß keine Fische mehr kämen? Mit Stolz brachte sie
ihr selbstgezogenes Gemüse und Obst auf den Tisch und scheute sich
gar nicht, das, was der augenblickliche Hausbrauch nicht erforderte,
auf dem Markte zum Verkauf zu bringen; und wenn das auch
keineswegs nach Luthers Sinn war, er duldete es schweigend, weil
dadurch das „Gib Geld" mehr und mehr verstummte. Nicht zu
unterschätzen an Käthes Gartenbau war ihre Fürsorge für das
körperliche Wohl ihres Gatten, das ja überhaupt das A und O ihrer
Hausfrauenforge war. Sie vermochte dem von Jugend auf an
seine Bücher gewöhnten Gelehrten Geschmack und Freude an der
Gartenarbeit beizubringen, und wenn er auch nicht allzuviel geholfen haben wird, er hat sich doch körperlich betätigt, was ihm als
Ausgleich für seine sitzende Lebensweise und als Gegenmittel gegen
seine Verdauungsschwierigkeiten recht gut tat. Vor allem aber sind
hier im Garten, wo der Vielgeplagte sich Ausspannung und Erholung gönnen durfte, dem mit so feinem Natursinn begabten
Mann beim Belauschen der herrlichen Schönheit, des unerschöpf-
lichen Reichtums und des wunderbaren Lebens der Natur, der
Bienen, der Schmetterlinge, der Vögel, die tiefsten Geheimnisse
des Gottesreiches im Sinnbild aufgegangen: „Alles Vergängliche
ist nur ein Gleichnis".

Zum Gartenbau gesellten sich die Ställe des Hauses, die
sich mit allerhand Getier füllten: Schweine, Ziegen, Rindvieh, Geflügel, Pferde wurden eingetan, sorgsam gepflegt, Nachwuchs er-
zielt, Fleisch, Milch und Eier gewonnen, Dung für die Gärten bereitet. Mit der Schweinezucht hat Frau Käthe frühe begonnen.
Schon 1527, als die Pestseuche in Wittenberg wütete und manches
Opfer forderte, gingen fünf Schweine im Stall ein, was Luther als

Entgelt für die Verschonung der Menschenleben in seinem Hause mit glaubigem Humor aufnahm. Luther liebte das Schweinefleisch mehr als das Wildbret, mit dem des Kurfürsten Güte ihn oft versorgte, das er aber „melancholisch" zu nennen pflegte. Ein besonderer Schweinehirt, Johannes, war angestellt und Luther hat sich manchesmal auch mit ihm unterhalten. 1542 waren neben 5 männlichen 2 Mutterschweine und 3 Ferkel im Stall; im Rindviehstall 5 Kühe, 9 Kälber, eine Ziege und 2 Zicklein. Die Pferde, deren es mindestens 2 waren, wurden weniger zu Spazierfahrten, die sich der Doktor höchst selten gönnte, als zu Dienstreisen, zu Visitationen der Kirchengemeinden und Pfarrer eingespannt und dienten so auch dem Wohl des Hausherrn.

Der Geflügelstall war, schon um der Eier willen, stets gut besetzt. Neben dem Hennenvolk, an dessen Küchlein Luther selbst manchesmal sich freute, gab es Tauben und Gänse, deren Federn die Betten füllten, ja sogar einen Pfau, von dem Luther zu sagen pflegte: „Er hat Engels Gewand, Diebes Gang und Teufels Gesang".

All das lieferte nicht bloß köstliche Speise und Trank auf den Tisch, sondern manchen Groschen durch Milch= und Eierverkauf und manchen Gulden durch Weggabe des sorgsam aufgezogenen Nachwuchses.

Endlich gehörte zum Hausgetier auch noch ein Hündchen namens Tölpel, seinem Namen zum Trotz ein anstelliges, gescheites Tierchen, das namentlich dem Kindervolk im Hause ein lieber Spielgenosse war, das aber auch der Doktor selbst recht gern hatte und oftmals selber am Tisch mit Essen versorgte.

Vom F i s c h t e i c h haben wir schon Seite 57 gehört; auch er diente nicht bloß zur Bereicherung der häuslichen Tafel — Luther hatte von den klösterlichen Fastenzeiten her eine besondere Vorliebe für ein gutes Fischgericht —, sondern auch als Einnahmequelle durch Verkauf unter der Hand. Lächelnd sagte Luther einmal: „Käthe, du hast größere Freude und Dankbarkeit über den wenig Fischen, denn mancher Edelmann, wenn er etliche große Teiche und Weiher fischet und etliche hundert Schock Fische fängt".

Aber zum Essen gehörte auch das Getränke. Man hat in da= maliger Zeit den Alkohol noch nicht als Gift erkannt und bekämpft, und wenn gleich Luther der alten Unsitte des deutschen Volkes, dem „Saufteufel", oft mit derben Worten zu Leibe ging, so hat er doch der Sitte der Zeit nach in seiner gesunden Natürlichkeit, die wußte, daß „alle Kreatur Gottes gut und nichts verwerflich ist, was mit Dank= sagung genossen wird", einen guten Trunk Wein oder Bier recht gern getan und insbesondere „ein Kännlein als Polster und Kissen", d. h. einen Schlaftrunk geliebt. Wein konnte nun Frau Käthe aus den Trauben im Garten am Saumarkt nicht keltern; sie werden wohl zu sauer gewesen sein. Aber etwas anderes konnte und übte sie meister= lich; das war die Bierbrauerei. Auf dem Schwarzen Kloster ruhte eine Braugerechtigkeit, die mit dem Gebäude und seinem Brauhaus (s. Seite 55) auf Luther übergegangen war. Sollte Frau Käthe diese ungenützt lassen, da doch die Kanne Bier ganze drei Pfennige kostete? So wurde der Hopfengarten gekauft, Hopfen angebaut und Gerste bezogen, und mit Staunen sehen wir Frau Käthe sich zur Bierbrauerin entwickeln. Und wenn gleich Luther in der Theorie meinte, Wein sei Gottesgabe, Bier aber Menschen= werk, in der Praxis hat er sein Bier doch gerne getrunken, das seine Frau wohlschmeckend, leicht und vor allem billig herzustellen wußte. Hie und da sagte er in einem Brief, daß er auf seinen Reisen kein so gut Getränke bekomme wie zu Hause. Sogar vom kurfürst= lichen Hof zu Torgau, wo man gewiß wußte, was gut war, schreibt er am 29. Juli 1534:

„Wie gut Wein und Bier hab ich daheime, dazu eine schöne Frauen oder, sollt ich sagen, Herren. Und du tätest wohl, daß du mir herüber= schickst eine Flaschen deines Bieres, so oft du kannst, sonst komme ich vor dem neuen Bier nicht wieder."

Bei dem Steinleiden, das ihn in seinen älteren Tagen viel quälte, glaubte er gerade von Käthens Bier eine besondere Erleichterung zu spüren.

Alles in allem: Frau Käthe war eine deutsche Hausfrau von echtem Schrot und Korn, die mit nimmermüder Hand des Hauses Zügel führte und des Gatten und der Kinder Wohl betreute, und von der in Wahrheit des Dichters Wort gilt: „Sie reget ohn' Ende die fleißigen Hände und mehrt den Gewinn mit ordnendem Sinn und füget zum Guten den Glanz und den Schimmer und ruhet nimmer." Und das hat niemand besser gewußt und geschätzt als ihr Gatte selbst, der ihr ruhig die Zügel des Hauses überlassen und in seinem Nottestament von 1537 dankbar bezeugt hat: „Sie hat mir treu gedient nicht allein wie eine Ehefrau, sondern auch wie eine Magd. Gott vergelte es ihr!"

Neunter Abschnitt

Geistesgemeinschaft

Wäre Katharina Luther nichts weiter gewesen, als das, was der vorige Abschnitt von ihr gezeigt hat: eine treue, umsichtige, arbeitsame, weislich zusammenhaltende, allezeit auf das Wohl ihres Gatten bedachte Hausfrau, so hätte sie sich schon damit ein unendliches Verdienst um den Reformator und in der Geschichte unserer Kirche erworben als diejenige, der es nächst Gott zu verdanken war, daß sein oft bedrohtes Leben dem deutschen Volke wenigstens bis ins 63. Jahr erhalten geblieben ist. Allein eine ideale Ehe wäre das noch nicht, die sich auf nichts anderem aufbaute als auf treuer Hausfrauensorge. In Wahrheit war Katharinas Ehe mehr als solche äußere Hausgemeinschaft; sie beruhte auf tiefer, mit den Jahren sich vertiefender Geistesgemeinschaft.

Als Luther mit Käthe den Bund fürs Leben schloß, da wurde natürlich in den weitesten Kreisen die Frage besprochen: warum gerade diese und keine andere? Und die Klatschsucht, von der wir im sechsten Abschnitt gehört, zögerte nicht, ihm das äußere, sinnliche Motiv leidenschaftlicher Verliebtheit in ihre reizvolle Schönheit unterzuschieben. Kein Geringerer als der Humanist Desiderius Erasmus in Rotterdam macht sich zum Munde dieses Klatsches, wenn er in seiner spöttischen Manier Katharina von Bora ein „wunderhübsches Mädchen" nennt, durch dessen Schönheit Luther sozusagen geblendet worden wäre. War sie das wirklich? Nun, wenn sie es gewesen wäre, dann wäre sie es auch schon 1523 nach ihrer Flucht, im 24. Lebensjahre gewesen, und warum hat sich dann Luther nicht schon damals in sie verliebt? Aber sie war es gar nicht. Wir besitzen von ihr aus der Hand des damals bedeutendsten sächsischen Malers Lukas Cranach verschiedene Bildnisse aus den ersten Jahren ihrer Ehe, darunter vor allem das, dessen Nachbildung diesem Buche vorangestellt ist. Nun war Cranach in allen seinen Bildern gewiß ein treuer Schilderer der Gesichtszüge; aber zur höchsten künstlerischen Größe fehlte ihm doch e i n e Eigenschaft, nämlich die, die seelischen Eigenschaften der von ihm gemalten Persönlichkeiten in ihren Gesichtern sprechend zum Ausdruck zu bringen, ihres „Geistes einen Hauch" in denselben wehen zu lassen, ganz so, wie das in edler Bescheidenheit Albrecht Dürer von seinem gleichzeitigen Melanchthonbildnis in dessen Unterschrift sagt:

„Meister Philippus' Gesicht versucht' ich treulich zu malen;
    Wiederzugeben den Geist, war zu gering meine Hand."

Das trifft auch auf Cranachs Bilder von Luthers Käthe zu. Sie zeigen eine blühende, stattliche Frau mit ovalem, in den oberen Partien vielleicht etwas eckigem Gesicht, mit freier Stirn, über der das blonde Haar glatt gescheitelt zurückgestrichen ist, mit stark ausgeprägten Backenknochen, lebhaften, klaren und verständigen, etwas

nach oben geschlitzten Augen, kräftigen, energisch aufeinander=
gepreßten Lippen; jedoch nichts, was auf besondere Schönheit
schließen läßt. Das Gesicht ist weder klassisch regelmäßig, noch das,
was wir heute pikant nennen. Allein zweifellos hat Cranach, als
Frau Käthe ihm Modell saß, ihr, wie man das früher gerne tat,
das Schweigegebot auferlegt, um in dieser schweigenden Ruhe ihre
Gesichtszüge tadellos zu treffen. Die moderne Kunst verlangt aber
während des Porträtierens angeregte Unterhaltung, weil sie wohl
weiß, daß im Gespräch sich die Seele klar und offen legt. Und es
gibt Gesichter, die, an sich nicht hübsch, doch im Gespräch sich mit
dem Sonnenschein wunderbarer Anmut verklären. Wir dürfen
wohl annehmen, daß das bei Käthe der Fall war und daß dieser
Tatsache des Erasmus Urteil „wunderhübsch“ zugrunde lag. Und
so ist gar kein Zweifel, daß Luther nicht durch das Gesicht an sich
angezogen wurde, sondern durch die reine, treue Seele, die im
näheren Umgang mit Käthe sich ihm offenbarte, und wir dürfen ihm
das schlichte Bekenntnis glauben, das er am 21. Juni 1525 Amsdorf
gegenüber ablegt: „Ich bin nicht leidenschaftlich verliebt, aber ich
bin meinem Weibe herzlich gut.“ Auf diesen Ton des herzlichen
Gutseins, der treuen Anhänglichkeit, der hohen Wertschätzung der
inneren Vorzüge Käthes war vom ersten bis zum letzten Tage
Luthers Ehe gestimmt. Schon im ersten Jahr derselben schreibt
er an einen Freund:

„Sie ist mir willfährig und in allen Dingen gehorsam und gefällig,
Gott sei Dank, viel mehr als ich zu hoffen gewagt, so daß ich meine Armut
nicht mit den Reichtümern eines Krösus vertauschen möchte.“

Und nach zwölf Jahren klingt es in einer Tischrede:

„Mir ist gottlob wohlgeraten, denn ich habe ein fromm und getreu Weib,
auf welches sich ihres Mannes Herz verlassen mag, wie Salomo sagt
(Sprüche 31). Ach lieber Herr Gott, die Ehe ist nicht eine natürliche, son=
dern eine Gottesgabe, das allersüßeste Leben, wenn's wohl gerät; wo's
aber übel gerät, ist's die Hölle.“

Wie viel treue, dankbare, anhängliche Liebe spricht aus seinen Briefen an seine Käthe, von denen wir noch eine große Anzahl besitzen, während leider die ihrigen an ihn nicht erhalten sind. In mancherlei Variationen klingt durch sie die Anrede: „Meiner herzlieben Hausfrauen Katharin Lutherin zuhanden" und die gemütvolle Unterschrift: „Dein Liebchen Martinus Luther".

Aber noch froher und glücklicher klingen Worte wie die folgenden: „Wenn ich die Weiber in der Welt ansehe, so finde ich keine, von der ich rühmen könnte, wie ich von meinem mit fröhlichem Gewissen rühmen kann: diese hat mir Gott selbst geschenkt, und ich weiß, daß ihm samt allen Engeln herzlich wohlgefällt, wenn ich mich mit Liebe und Treue zu ihr halte." Oder: „Es ist ja der Ehestand ein Heiligtum mit einem Altar, darauf ohne Unterlaß der Weihrauch duftet; muß auch alle Trübsal des Lebens leicht werden, sintemal einer des anderen Last trägt. Ich habe ein fromm, getreu Weib, auf welches sich mein Herz verlassen kann, dem ich darf all mein Gut und Habe, ja meinen Leib und Leben vertrauen; so bin ich in ihrem Besitz ein Kaiser. Und du, Käthe, hast einen frommen Mann, der dich lieb hat, ja der dich höher achtet, denn das Königreich Frankreich oder der Venediger Herrschaft, so bist du eine Kaiserin." Oder: „Ich hab meine Käthe lieb, ja ich hab sie lieber denn mich selber, das ist gewißlich wahr. Ich wollt lieber sterben, denn daß sie und die Kinderlein sterben sollten."

Den Galaterbrief, das Hohelied der Freiheit eines Christenmenschen und daher sein biblisches Lieblingsbuch, nannte er einmal (Dezember 1535) „meine Epistel, der ich mich vertraut habe, meine Käthe von Bora". Und wenn er mit Nachdruck für die Wahrheit einer Sache eintritt, so sagt er: „Ich wollt meine Keth dafür zum Pfand setzen". Bei dem Lob des tugendsamen Weibes, Sprüche 31, denkt er unwillkürlich an sein eigenes Weib und setzt in seine Bibel an den Rand den Vers, den er einst als Schüler in Frau Cottas Haus gehört: „Nichts Lieberes ist auf Erden, denn Frauenlieb, wem's mag werden". Sein eigenes häusliches Glück steht ihm vor Augen, wenn er bei Tisch einmal sagt:

„Liebe Tochter, halt dich also gegen deinen Mann, daß er fröhlich wird, wenn er auf dem Wiederwege des Hauses Spitzen siehet. Und wenn der Mann mit seinem Weibe also lebet und umgehet, daß sie ihn nicht gern siehet wegziehen und fröhlich wird, so er heimkommt, so stehet's wohl."

Voll glückseligen Stolzes klingt es, wenn er das Bild Käthes betrachtet, das ihm Cranach 1537 während des Konzils zu Mantua gemalt hatte:

„Ich will einen Mann dazu malen lassen und solche zwei Bilder gen Mantua auf das Konzilium schicken und die heiligen Väter, allda ver= sammelt, fragen lassen, ob sie lieber haben wollten den Ehestand oder den Zölibat."

Es war und blieb sein dankbares Bekenntnis: „Ich bin, bleibe und sterbe im Lob des heiligen Ehestandes."

Bei all dieser starken, treuen Liebe oder vielmehr gerade wegen derselben hat Luther mit den menschlichen und weiblichen Schwä= chen seiner Frau Geduld haben können und sie gesehen in dem Lichte des ihm so wundervoll eigenen Humors, der selbst die trübsten Seiten des Lebens durch den Glanz einer höheren Welt verklärt sieht. Rein natürlich scherzhaft klingt es, wenn er 1526 sagt:

„Im ersten Jahr des Ehestandes hat einer seltsame Gedanken. Wenn er zu Tisch sitzt, so denkt er: vorher warst du allein, nun bist du selbander; wenn er erwacht, sieht er ein paar Zöpfe neben sich liegen, das er vorhin nicht sah."

Aber gar bald lernte er auch die Seiten an seiner Frau kennen, die ihn nicht ungeteilt freuen konnten. Daß er sie schon vor der Verlobung für stolz und hoffärtig hielt, haben wir Seite 36 gehört; neben aller christlichen Demut war das ein aus ihrer adligen Ab= stammung begreiflicher Fehler, der sich in der Ehe nicht verloren hat, wenn wir bedenken, welches Hochgefühl es für sie sein mußte, die Frau des größten Mannes der Zeit zu sein. Und wenn sie auch diesem ihrem „Herrn Doktor" gegenüber in aller Ehrfurcht sich

beugte, ihm dienend wie eine Magd, ihres Wertes war sie sich doch
bewußt und ihren Kopf hat sie doch behalten und manchmal tüchtig
aufgesetzt, daher die manchen, Seite 59 angeführten Benennungen
Käthes als seines „Herrn Käthe", als seiner „gestrengen Herrin und
Gebieterin". Dahin deutet es, wenn Johann Agricola, der spätere
Generalsuperintendent in Berlin, in seinen Lebenserinnerungen
einmal nicht ohne leise Satire von ihr sagt: „Da hat die Domina
Ketha, die Regentin im Himmel und auf Erden, Juno, die Gattin
und Schwester des Jupiter, die den Mann regiert, wohin sie will,
einmal ein gut Wort von mir geredet". In einem scherzhaften Brief
an den mansfeldischen Kanzler Kaspar Müller, der Hänschens Pate
war, unterschreibt Luther (18. März 1535): „Doktor Martinus, Doktor
Luther, Doktor Hans"; eine Randbemerkung läßt keinen Zweifel
darüber, daß mit „Doktor Luther" niemand als Käthe gemeint ist.

Und diesen ihren Kopf und Willen suchte Käthe manchesmal, nicht
bloß ausschließlich in Dingen des Haushalts, ihrem Gatten gegenüber durchzusetzen. Sie verstand die Kunst des Bittens und Bet-
telns, auch die Kunst der Tränen, denen gegenüber auch der stärkste
Mann oft weich wird. Aber Luther wurde nicht immer weich; auch
er hatte seinen gehörigen Eigensinn; nennt er doch selbst seinen
Kopf einmal mit einem wunderbaren Superlativ: eigensinnigissi-
mum. Da mag es also manchmal Geplänkel und Wortgefechte
gegeben haben und hart auf hart gegangen sein. Aber Luther wußte
sich zu trösten: „Ob Eheleute gleich zuweilen schnurren und murren,
das muß nicht schaden; es gehet in der Ehe nicht allezeit schnur-
gleich zu, ist ein zufällig Ding, des muß man sich ergeben". Er wußte
ebensogut: „Ich muß Patienz haben mit Käthen von Bora", wie
daß sie Patienz haben mußte mit seinem oft heftig-cholerischen, oft
melancholisch-hypochondrischen Wesen. Und beide hatten sich zu
lieb, als daß solche häuslichen Gewitter dem Sonnenschein ihrer
Liebe hätten Eintrag tun können: „Häuslicher Zorn ist, als wenn
Kinder mit der Puppen spielen".

Mit diesem Durchsetzenwollen des eigenen Willens hängt es sehr nahe zusammen, daß Frau Käthe der Rede überaus mächtig war. Im Kloster an tage-, ja jahrelanges Schweigen gewöhnt, tat es ihr wohl, mit Luther menschlich reden, gemütlich plaudern zu können. Es ist ein liebliches Idyll aus dem ersten Jahr der Ehe, wo der Haushalt sie noch nicht so drückte und sie manchmal mit dem Spinnrocken bei dem emsig arbeitenden Gatten im Studierzimmer saß, daß sie einmal den Mund nicht mehr halten konnte und naiv fragen mußte: „Herr Doktor, ist der Hochmeister des Markgrafen von Brandenburg Bruder?" Luther konnte sich nicht denken, daß Käthe nicht gewußt hätte, daß diese beiden eine und dieselbe Person waren, und sah darin mit Lächeln eine weibliche List, die nur ein Gespräch anfangen wollte. Aber nicht immer war's so harmlos. Ein klein wenig anzüglich klingt es doch, wenn er dem Engländer **Dr. Robert Barnes** (S. 105), der 1533 in Wittenberg studierte und doch kein Wort deutsch konnte, das Anerbieten machte: „Ich will euch meine Frau als Präzeptor der deutschen Sprache geben; sie ist gar beredt, sie kann's so fertig, daß sie mich weit darin überwindet". Frau Käthe besaß so viel angeborenen Takt und kluge Zurückhaltung, daß sie vor Dritten niemals ihrem Gatten eine Szene machte; aber an Gardinenpredigten unter vier Augen hat es nicht gefehlt. Jedoch Luther nahm auch sie gern von der humoristischen Seite; wenn er ihr lang genug zugehört hatte, so mochte er wohl lächelnd den Fluß ihrer Rede unterbrechen mit der neckischen Frage: „Liebe Käthe, hast du denn auch vor der Predigt ein Vaterunser gebetet?" So war es wieder eigenste Lebenserfahrung, wenn er einmal über die Frauen im allgemeinen sagt:

„Weiber reden vom Haushalten wohl als Meisterinnen mit Holdselig= keit und Lieblichkeit der Stimme und also, daß sie auch Cicero, den besten Redner, übertreffen, und was sie mit Wohlredenheit nicht zuwege bringen können, das erlangen sie mit Weinen. Und zu solcher Wohlredenheit sind sie geboren, denn sie sind viel beredter und geschickter von Natur zu diesen

handeln denn wir Männer, die wir's durch lange Erfahrung, Übung und
Studieren erlangen. Wenn sie aber außer der Haushaltung reden, so
taugen sie nichts. Worte sind zwar genug da, aber es fehlt an den
Sachen."

Was wollen aber diese menschlichen Schwächen besagen gegen=
über den großen Ehrenzeugnissen, die Luther, der alles in allem
nehmen konnte, seiner Käthe ausgestellt hat! Sie machen uns ihr
Bild im Gegenteil menschlich noch anziehender und sympathischer
als das Bild eben eines Menschenkindes, das kein vollendeter Engel
ist, sondern dem bleibt „ein Erdenrest, zu tragen peinlich".

Frau Käthe gehörte weder zu den geistreichen noch zu den
klugen Frauen, von denen Luther einmal sagt: „Es ist kein Rock
noch Kleid, das einer Frau oder Jungfrau übler ansteht, als wenn
sie klug sein will". Aber sie war eine verständige, gescheite Frau
von natürlichem Mutterwitz, lebhaften Geistes und im Grunde
heiteren Sinnes. So konnte Luther mit ihr über ganz andere Dinge
als über den Haushalt, den Garten, die Bauereien im Hause reden
und fand bei seinem Weibe ein oft ihn selbst überraschendes, tiefes
Verständnis, mochte es sich um Dinge der Gemeindeordnung oder
der hohen Politik, um eine Pfarrerwahl oder um die höchsten
Fragen der Religion und Theologie handeln. Ihre Bildung war
schlecht und recht, so wie man sie eben im Kloster erwerben konnte.
Ihre Handschrift zeigt gesunde und charaktervolle Züge, ihr deut=
scher Stil ist in den wenigen Briefen, die wir von ihr haben, zwar
umständlich wie der ganze Stil jener Zeit, aber gewandt. Latein
hatte sie im Kloster so viel sich angeeignet, daß sie einer leichten
lateinischen Unterhaltung folgen und selbst ein paar Worte dazu
geben konnte. Daß sie mit der griechischen Sprache sich nicht ein=
lassen mochte, wird ihr niemand verübeln. Luther gab sich, halb im
Scherz, einmal Mühe, ihr den griechischen Wortlaut des Spruches:
„Der Gerechte wird seines Glaubens leben", einzuprägen, es war
aber vergeblich, sie antwortete nur: „Lieber Gott, wer soll das

nachsprechen?" So ist ihr auch das griechische Wort Katechismus nie ganz aufgegangen, aber sie kannte die lateinische Superlativendung und sprach deshalb von der „Kattegissema".

Daß Frau Käthe in die Heilige Schrift, die ihr im Kloster Nimbschen ein versiegelt Buch, die aber ihres Mannes Kern und Stern war, allmählich sich tiefer einarbeitete, kann man von vornherein annehmen; immerhin doch nicht so sehr, wie er selbst es gewünscht hätte. Er suchte sie immer bibelfester zu machen; so schreibt er an Justus Jonas:

„Es grüßet Euch mein Herr Käthe, welche fuhrwerkt, ackerbaut, Vieh kauft und weidet, bierbraut u. dergl. Dazwischen ist sie auch daran gegangen die Bibel zu lesen, nachdem ich ihr 50 Gulden versprochen habe, wenn sie vor Ostern zu Ende kommt. Großer Ernst ist dabei; schon geht es ans 5. Buch Mose."

Als Luther sie einmal mahnte: „Lies fleißig Gottes Wort, insonderheit den Psalter", erwiderte sie: „Ich höre es genug, lese es auch täglich viel und könnte genug davon reden! Wollte Gott, ich täte auch darnach!" — eine Antwort, die so recht zeigt, wie praktisch eingestellt ihr Bibelchristentum war. Und wie zufrieden Luther mit ihrer fortschreitenden Erkenntnis war, das beweist am besten die anerkennende Äußerung: „Meine Käthe versteht die Psalmen jetzt besser denn einst alle Papisten". Noch wenige Tage vor seinem Ende schreibt er ihr aus Eisleben: „Liese, du liebe Käthe, den Johannem und den kleinen Katechismum, davon du zu dem Mal sagtest: Es ist doch alles in dem Buch von mir gesagt".

Schwächer als in der Bibel war Frau Käthe in der Theologie — das war auch nicht ihres Amtes. Der in der Jugend eingesogene Aberglaube begleitete sie, wie übrigens auch ihren Mann, ins reife Leben hinein. Sie wußte bei Tisch einmal von einem Teufel zu erzählen, der mit seinem Weib in der Mulde wie in einem schönen Schloß gewohnt habe. Mehr als einmal machte sich Luther den Spaß, sie durch paradoxe Behauptungen oder Fragen aufs Eis zu

führen. 1532 sagte er einmal mit ernster Miene, es werde noch
so weit kommen, daß ein Mann mehr als ein Weib nehme. „Das
glaub' der Teufel", rief Käthe entrüstet. Er suchte seinen Ausspruch
zu begründen; sie führte die Worte des Paulus 1. Tim. 3, 2 und 12
an; er wußte diese wieder zu zerpflücken und scherzte so weiter, bis
sie sich nicht anders zu helfen wußte als mit der Drohung: „Bevor
ich das zulasse, will ich lieber wieder ins Kloster gehen und Euch
und alle Kinder im Stiche lassen". Im gleichen Jahr warf er ein=
mal den Satz hin: „Der Teufel würget uns alle, Satan hat Gottes
Sohn erwürgt", aber sie gab flugs die Antwort: „Ei nein, lieber
Herr Doktor, das glaub' ich nicht". Als Luthers Auge einmal mit
besonderer Vaterliebe auf seinem kleinen Hänschen ruhte und er
sagte, welches Herzbrechen doch Abraham gehabt haben müsse, als
er den einzigen Sohn opfern sollte, da fiel Frau Käthe dazwischen:
„Ich könnt in meinen Kopf nicht bringen, daß Gott so grausam
Ding sollte von jemand begehren, daß er sein Kind sollte würgen".
Ein andermal fragte er sie, ob sie auch glaube, daß sie heilig sei, da gab
sie die Antwort: „Wie kann ich heilig sein? Bin ich doch eine große
Sünderin". Alle diese Worte zeigen einen nicht grübelnden und
forschenden, theologisch denkenden, sondern gefühlvollen Glauben,
wie er der echten Weiblichkeit entspricht.

Aber in eigentlich theologischen Fragen, wie sie Luthers Herz
durchstürmten, war Käthe doch nicht verständnis= und teilnahmelos.
Es spricht sehr für ihr Mitleben in seinen Gedankengängen, wenn
er ihr von dem berühmten Marburger Gespräch am 4. Oktober 1529
schreibt — es ist zugleich der erste Brief, den er ihr überhaupt schrieb:

„Lieber Herr Käth, wisset, daß unser freundlich Gespräch zu Marburg
ein Ende hat und seind fast in allen Stücken eins, ohne das Widerteil
wollte eitel Brot im Abendmahl behalten und Christum geistlich darinnen
gegenwärtig bekennen. Heute handelt der Landgraf, ob wir könnten
eins werden, oder doch gleichwohl, so wir uneins blieben, dennoch Brüder
und Christus' Glieder unter einander uns halten. Sage dem Herrn

Pommer (Bugenhagen), daß die besten Argumente seind gewesen des Zwinglii, daß corpus non potest esse sine loco, ergo Christi corpus non est in pane[1]), des Ocolampadii dies: sacramentum est signum corporis Christi[2])."

So wird es nicht bloßer Scherz gewesen sein, wenn Luther manchesmal sie seine „tiefgelehrte" oder „hochgelehrte" Frau nannte. Er hat sich selbstverständlich in seiner Theologie von ihr nicht beeinflussen lassen und hat die ihn bewegenden mächtigen Fragen mit andern als mit ihr durchgesprochen. Aber besprechen immerhin konnte er sie auch mit ihr, und wer weiß, ob ihr gesundes weibliches Urteil nicht manchesmal den Nagel auf den Kopf traf und ihn auf einen Gedankengang führte, auf den er sonst nicht gekommen wäre.

Ganz zweifellos ist jedenfalls, daß Käthes Einfluß auf Luthers Entschließungen und auch schriftliche Außerungen nicht klein war. Sie hat auch da nicht verstandesmäßig gedacht, sondern instinkt= mäßig sich dahin entschieden, wohin ihr weibliches Gefühl sie wies. Und dabei war der Gesichtswinkel stets: die verehrende Liebe zu ihrem Gatten, dessen Freunde und Verehrer ihre Freunde, dessen Feinde ihre Feinde sind. So ist von Luther selbst anerkannt, daß Käthe schon im ersten Vierteljahr der Ehe ihn veranlaßte, eine Gegenschrift gegen des Erasmus Büchlein „Vom freien Willen" zu schreiben, das er am liebsten mit Verachtung gestraft hätte. Für Käthe war nicht das Theologische an diesem Streit maßgebend, sondern einzig der Gedanke: wenn Luther schwiege, so könnte das von seinen Feinden als Zeichen seiner Schwäche, als Niederlage gedeutet werden. Noch im Jahre 1540 schreibt Luther hierüber:

„Erasmus glaubte, niemand könne auf seine Schrift antworten und ich wollte schweigen; aber Camerarius überredete meine Käthe, daß sie darauf bestünde, und auf ihr flehentliches Bitten habe ich geschrieben."

---

[1]) Ein Leib kann nicht ohne Raum sein, also kann Christi Leib nicht im Brot sein.
[2]) Das Sakrament ist das Zeichen des Leibes Christi.

Ehe diese Schrift, eine der schärffsten Luthers, erschien, schrieb Erasmus an Weihnachten 1525:

„Luther fängt jetzt an milder zu werden, er wütet nicht mehr so mit der Schreibfeder; nichts ist so wild, daß es nicht beim Weibchen zahm würde."

Auch zwischen Luther und seinem sonst hochverehrten Magister Philippus gab es hie und da kleine Verstimmungen; Käthe wußte ihren Mann zu mündlicher Aussprache zu bewegen und dadurch die Unstimmigkeit zu beheben. Nicht gelang ihr das gegenüber Johann Agricola, mit dem Luther aus dogmatischen Gründen 1535 scharf zusammengestoßen war; hier scheiterte ihr Versöhnungs- versuch und blieben selbst ihre sonst vielbeachteten Tränen erfolglos gegenüber Luthers Überzeugungstreue.

Nicht immer aber war Käthes Einfluß auf Luther ein sänftigen- der. So kam Luther in seinen letzten Lebensjahren mit den Juristen in Wittenberg scharf aneinander, so daß er sogar ans Wegziehen von Wittenberg dachte. In dieser Zeit schrieb Kaspar Kreuziger an seinen Freund Veit Dietrich in Nürnberg: „Du weißt, daß er zu vielem, was ihn entflammt, eine Fackel in seinem Hause hat". Der „Morgenstern" konnte nicht bloß lieblich leuchten, sondern auch in glühender Flamme lodern.

Im Jahre 1529 schon hatte die Haltung Kaiser Karls V. gegen die evangelischen Fürsten das Schlimmste befürchten lassen, und der Kurfürst suchte Wittenberg gegen eine etwaige kaiserliche Belagerung wehrhaft zu machen durch eine Bastion, die gerade in der Gegend des Schwarzen Klosters aufgeworfen wurde und dort heraufreichte bis zum ersten Stockwerk, ja sogar Luthers Studier- stube bedrohte. Damals schrieb er an die kurfürstliche Kanzlei einen Brief voll maßloser Heftigkeit, in dem es hieß:

„Des sollt Ihr gewiß sein, daß ich zu Eurem verfluchten Bau, damit Ihr meinem gnädigen Herrn seinen Beutel räumt, nicht ein Haar breit

mehr räumen will", und der schließt mit den Worten: „Hiemit Gott be=
fohlen, der Euch bekehre und anders mache."

Zweifellos war Käthe hier die Fackel, die ihn entflammt hat.
Offen gibt er dies zu in einem Entschuldigungsbrief an den sonst
vielgeliebten Spalatin, an den er sich wegen einer Schädigung des
Gutes Zulsdorf 1542 mit einem scharfen Klagebrief gewandt hatte:
„Mir liegt ja wenig an solchen Dingen, aber Ihr wißt, daß ich ver=
heiratet bin". Leider hat sich Käthe durch diese Fackel, als die sie
dann und wann glühen und ihren Mann mitentflammen konnte,
die Feindschaft des Kanzlers Brück zugezogen, die sie nach Luthers
Tode schmerzlich zu fühlen bekam (Abschnitt 16).

Aber was wollen alle diese Eigenschaften, mit denen eben Käthe
der Menschlichkeit ihren Tribut zahlte, besagen gegenüber der starken
Einigkeit und dem harmonischen Zusammenklang beider Gatten in
den tiefsten Angelegenheiten des Menschenherzens und =lebens! Das
höchste Lob, das Luther seiner Gattin zollt, ist doch immer das, daß
sie ihm „ein f r o m m, getreu Gemahl" sei. Katharina von Bora
hat in ihrer langen Klosterzeit das Beten nicht bloß von seiner
mechanischen Seite, sondern auch in seinem tiefen, inneren Wert
und seiner seligen, stärkenden und tröstenden Kraft kennen gelernt,
und sie ist auch in diesem Stück durch den großen Beter an ihrer
Seite weiter erzogen und vertieft worden. Es ist das tiefste und
schönste Stück ehelicher Geistesgemeinschaft, wenn Gatten in diesem
Punkte zusammenstimmen, wenn sie miteinander ihre Knie beugen
können vor Gottes Thron und Glück und Leid miteinander tragen
in betendem Aufblick zu ihm. Das hat Frau Käthe gelernt, geübt
und gekonnt. Bei den Hausandachten war sie die aufmerksamste
Zuhörerin und Mitbeterin. In wie manchen Stunden trübsinniger
Schwermut hat sie ihren Gatten durch ihr kunstlos schlichtes, kindlich
einfältiges Gebet wieder aufzurichten gewußt! Wie manchesmal,
bis in die letzten Lebenstage hinein, getröstet er sich in schweren
Lebenslagen ihrer treuen, häuslichen Fürbitte, zu der sie auch die

Kinder heranzog, so daß es ihm zur seligen Beruhigung ward:
„Mein Lenchen und Hänschen beten für mich". Und wie wohl tat
es ihm, zu wissen, daß, wenn er in der Ferne weilte, sein Weib zu
Hause als Hauspriesterin an seine Stelle trat und den Hausgottes=
dienst versah; es war mehr als Scherz, wenn er sie brieflich anredet
als „seinen freundlichen lieben Herrn Katharin Lutherin, Doktorin,
Predigerin zu Wittenberg". Unser 14. Abschnitt wird uns noch
mehr zeigen, was sie in diesem Stück, betend und tröstend im Hause
geleistet hat. Und ihre Kinder haben es in treuem Gedächtnis ge=
halten, was ihnen hierin die Mutter gewesen ist, wenn sie auf ihrem
Grabstein zu Torgau ihr das offene Gebetbuch in die Hand geben
ließen.

Die Abschnitte über Käthens Kinderglück, Hauskreuz und
Trennungsschmerz werden erst recht vollends das Bild der liebe=
und gefühlvollen Frau, des heiteren Frohsinns und des reinen
Glückes in ihrem Hause zur Abrundung bringen. Aber so viel ist
schon jetzt klar geworden: sie ist mit ihrem Luther aufs innigste
zusammen= und an ihm aufs schönste hinaufgewachsen zur tiefsten
Geistesgemeinschaft und Seelenharmonie. In kühnen Wort=
spielen, wie wir sie manchesmal bei ihm finden, nennt Luther seine
Käthe seine Kette, mit der er gebunden und gefangen, und seine
Bore, d. h. Bahre, darin er der Welt abgestorben sei. Das ist viel
gesagt von einer Frau. Aber zu allen Zeiten klingt aus Luthers
Äußerungen derselbe Ton, den er, noch lang ehe er Käthe kennen
gelernt, im „Sermon von dem ehelichen Stande" (1519) ange=
schlagen, wo es heißt:

> „Die eheliche Liebe ist eine Brautliebe, die brennet wie das Feuer
> und suchet nicht mehr wie das eheliche Gemahl. Die spricht: Ich will
> nicht das deine, ich will weder Geld noch Silber, weder dies noch das;
> ich will dich selbst haben, ich will's ganz oder nicht haben. Alle andere
> Liebe suchet etwas anderes, denn den sie liebt; diese allein will den Ge=
> liebten eigen, selbst und ganz haben."

Und wenn das etwa noch nach Theorie eines Zölibatärs klingen möchte, so tönt es aus der vollen Praxis des Ehemanns heraus als Ehrenzeugnis über Frau Käthe, wenn er 1537 beim Rückblick auf seine schwere Erkrankung in Schmalkalden bekennt:

„Die Ehe ist nicht ein natürlich Ding, sondern Gottes Gabe, das aller=süßeste, leiblichste und keuscheste Leben. Ach wie herzlich sehnte ich mich nach den Meinen, da ich zu Schmalkalden todkrank lag! Ich meinte, ich würde Weib und Kinder hie nicht mehr sehen; wie weh tat mir solche Scheidung und Trennung! Nun glaub' ich wohl, daß in sterbenden Menschen solche natürliche Neigung und Liebe, so ein Ehemann zu seinem Eheweib habe, am größesten sei. Weil ich aber nun gesund bin worden durch Gottes Gnade, so hab' ich mein Weib und Kinderlein desto lieber. Keiner ist so geistlich, der solche angeborne Neigung und Liebe nicht fühlet. Denn es ist ein groß Ding um das Bündnis und die Gemeinschaft zwischen Mann und Weib."

Solche Geistesgemeinschaft war Käthes Ehe, ein echter Bund von deutscher Häuslichkeit und frommem Christentum, „eine rechte Kirche, ein auserwählet Kloster, ja ein Paradies".

Zehnter Abschnitt

Kinderglück

Daß dieses auserwählten Klosters, ja Paradieses Glück erst voll und ganz erreicht ist, wenn ein fröhliches Kindervolk den Gatten heranblüht, das ist schon in den letzten Abschnitten dann und wann durchgeklungen. So ist es an der Zeit, Frau Käthe aufzusuchen in dem innersten Heiligtum ihres Hauses, ihrer Kinderstube, und sie zu belauschen in ihrem tiefsten Frauenglück, dem Mutterglück.

Die Hoffnung, die Luther acht Tage nach seiner Heirat Amsdorf gegenüber ausgesprochen, „Gott werde ihm Kinder bescheren" (Seite 41), ist ihm bald und reichlich in Erfüllung gegangen. Welche Hoffnungen und Gedanken das Herz Katharinas erfüllten,

als sie die Gewißheit hatte, Mutter zu werden, ist uns völlig unbekannt; aber wir können uns denken, daß es die Gedanken Marias
waren, die auf des Engels Verkündigung antwortet mit dem schlicht-
demütigen: „Siehe, ich bin des Herrn Magd; mir geschehe, wie du
gesagt hast". Als gesunde, deutsche, christliche Frau hat sie den
Beruf, Kinder zu bekommen, und auch alle damit verbundenen
Beschwerden und Gefahren als des Weibes natürliches Los angesehen, keine Worte und kein Aufhebens davon gemacht, hat in den
beschwerlichen Zeiten, die der Ankunft eines neuen Erdenbürgers
vorangingen, keinerlei Schonung in ihrem arbeitsamen Betrieb sich
auferlegt (siehe Seite 56) und ist wohl eben darum im ganzen so
gesund und leistungsfähig geblieben. Sie wußte eben mit ihrem
Manne: „Kinder sind das lieblichste Pfand in der Ehe, die binden
und erhalten das Band der Liebe"; „der Ehestand ist Gottes aller-
liebster Würz- oder Rosengarten, da die allerschönsten Röslein und
Nägelein innen wachsen, das sind die lieben Menschenkinder, die
nach dem Bilde Gottes geschaffen sind".

Das Herz geschwellt von frohen Hoffnungen, die mit mensch-
lichem Bangen untermischt waren, durchlebten die Gatten den
Winter 1525/26 und den Frühling 1526 und pflanzten Rosen und
Lilien in ihrem Klostergarten, indes ein anderes Röslein in ihrem
Hausgarten heranreifte. Wir wissen, daß Luther sein Glück täglich
betend mit seinem Gott besprach und seinen Freunden die Fürbitte
für Käthe ernstlich ans Herz legte. Am 7. Juni nachmittags 2 Uhr
war ihr Stündlein gekommen und trat das erste Kind des Lutherhauses leicht und glücklich ins Leben ein. Melanchthon hatte auf
Grund eines Traumes eine Tochter prophezeit; auch sie hätte die
Gatten beglückt, aber über einen Sohn und Stammhalter war die
Freude noch größer. Der Tag hieß im Kalender „Dat", d. h. er
gibt; Luther versäumte nicht, auf diese prophetische Bedeutung
des Tagesnamens hinzuweisen. Er war überhaupt überglücklich
über diesen gesunden, wohlgebauten, normalen Sohn. Wer weiß,

ob nicht in trüben Stunden sein dem Aberglauben nicht ganz frem=
des Herz sich doch heimlich ein wenig umgetrieben fühlte durch die
alte Weissagung (siehe Seite 46), daß aus der Verbindung von
Mönch und Nonne der Antichrist entsprossen sollte. Dem Kindlein
sah man's an, daß es dereinst kein Antichrist werden würde. Des=
halb sollte es aber auch nach der Sitte der Zeit, die eine schnelle
Taufe verlangte, alsogleich zum Christen geweiht werden: schon um
4 Uhr nachmittags fand in der Stadtkirche, in der Luther so manches
mal schon gepredigt, die Taufhandlung statt durch den Diakonus
Georg Rörer. Taufpaten waren Johannes Bugenhagen, Justus
Jonas, Lukas Cranach, der Vizekanzler Christian Baier, die Frau
des Bürgermeisters Hohndorf in Wittenberg; in Abwesenheit der
mansfeldische Kanzler Kaspar Müller und der Straßburger Pro=
fessor Nikolaus Gerbel. Die Wahl des Namens hatte Luther keine
Schwierigkeit gemacht; die Wittenberger dachten, er würde seinem
Erstgeborenen einen seltenen, vielleicht einen ganz neuen Namen
schöpfen, er aber meinte: die gebräuchlichsten Namen seien die besten.
Und wenn er nun in der Geburt dieses Sohnes vor allem auch
die Erfüllung eines Lieblingswunsches des alten Großvaters in
Mansfeld sehen durfte, und wenn Johannes Bugenhagen das Kind
aus der Taufe hob, welcher Name lag dann näher als der Name
J o h a n n e s mit seiner schönen und tiefen Wortbedeutung: „der
Herr ist gnädig"?

Diese Stimmung klingt auch durch den Dankbrief an Spalatin
für seinen Glückwunsch, vom 17. Juni 1525:

„Lieber Herr Spalatin! Dank sage ich Euch im Herrn für Euern freund=
lichen Glückwunsch zu meinem Eheglück, das ein volles Glück wird, wenn
der Herr mir in der alten Weise beisteht. Ja, meine treffliche Gattin,
mein liebes Weib hat mir mit Gottes Segen ein Söhnlein Hänschen
Luther geboren. Durch Gottes wunderbare Gnade bin ich Vater ge=
worden. Auch Euch gönne und wünsche ich solchen Segen und noch in
so viel höherem Maße, als Ihr besser und tüchtiger seid denn ich."

Von Frau Käthe hören wir aus Luthers Briefen jener Zeit nicht
viel, als daß es ihr leidlich gut gehe; es ist begreiflich, daß das Er-
gehen des Kindes alles andere in den Hintergrund stellte. Aber
treulich war der glückliche Vater um die Wöchnerin bemüht, an der
es ihn besorgt machte, daß sie dem Kinde so wenig Nahrung reichen
konnte und von der er wenige Tage nach der Geburt nach Mansfeld
schreibt, mitten im Briefe abbrechend: „Jetzt, bei diesem Buchstaben, fordert mich die kranke Käthe". Aber trotz aller Ernährungs-
schwierigkeiten gedieh der junge Erdenbürger trefflich, und fast kein
Brief Luthers geht in den nächsten Monaten hinaus ohne eine kurze
Notiz von seinen Fortschritten, ohne Zeugnis von seiner köstlichen,
naiven Vaterfreude, die zugleich auch Käthes Mutterglück war. Bald
wurde der kleine Hans ein homo vorax et bibax, „ein gefräßiger
und trinkbarer Mann", der nach einem halben Jahr schon Spuren des
ersten Zähnchens zeigte, den Vaternamen lallte und in seinen
kindlichen Lauten schon so verständlich wurde, daß es wie ein Schel-
ten klang. Seine größte Kunst aber war, daß er schon gleich nach
der Geburt mit den Freunden des Vaters in Briefwechsel trat,
Grüße sandte und empfing und stolz Geschenke entgegennahm.
Selbst so natürliche Dinge weiß der glückliche Vater dem Paten
Jonas zu melden, wie: Hänschen sei ohne Nachhilfe durchs Zimmer
gekrochen und habe alle vier Winkel mit Spuren seiner Anwesenheit
versehen; Frau Käthe habe ihn dann gebadet und zu Bette gebracht
und darum könne er dem Herrn Paten keinen Gruß bestellen. Dem
Spalatin aber wünscht Luther „ein Spalatinchen, das Euch lehre,
was meine Käthe, wie sie rühmt, von ihrem Hänschen gelernt hat:
die Frucht und die Freude der Ehe, deren der Papst und seine Welt
nicht wert waren".

Aber auch die Sorgen einer Kinderstube ließen nicht lange auf
sich warten. Im Oktober 1527 wurde das bis jetzt so gesunde Kind
vom Zahnen krank, fieberte und konnte 12 Tage lang nur wenig
flüssige Nahrung zu sich nehmen. Dazu sah die Mutter einem zwei-

ten Kinde entgegen, und drohend schwang die große Plage jener
Zeit, die Pest, ihre Geißel durch Wittenberg und auch im Schwarzen
Kloster. Das waren schlimme Sorgentage, in denen auch ein
Glaubensheld wie Luther um zwei teure Leben bangte. Es schnitt
den Eltern tief ins Herz, wie sich das unmündige Kind gegen seine
Schmerzen stemmte, um ihnen ein frohes Gesicht zu zeigen, und
vor Schwäche doch nicht konnte. Aber die Not und Sorge wich auch
gnädig wieder, und der Pate Jonas durfte dem Patenkind als
Glückwunsch zur Wiedergenesung und als Neujahrsgabe „einen
silbernen Hans“, d. h. einen Taler mit dem Bild des Kurfürsten
Johann schenken.

Aber zuvor schon hatte Hänschen noch ein größeres, ein leben-
diges Geschenk bekommen, ein Schwesterchen. Am 10. Dezember
1527 hat Katharina ihrem Mann sein zweites Kind geschenkt, das
nach des Täufers Johannes Mutter den Namen E l i s a b e t h
erhielt. So viel wir aus Luthers Briefen von dem Erstgeborenen
erfahren, so wenig über dieses zarte Pflänzlein, dem die schwere
vorausgegangene Krankheitszeit den Keim frühen Welkens in die
Wiege gelegt hatte. Wir wissen von Elisabeth eigentlich nur den
Geburts- und Todestag: nach kaum 8 Monaten, am 3. August 1528,
ist sie den Eltern wieder genommen worden. Welch unendlich zarter
Vaterschmerz zittert durch den Trauerbrief an Nikolaus Hausmann
in Zwickau vom 5. August:

„Mein Töchterchen Elisabethlein ist mir gestorben. Es ist merkwürdig,
wie krank, fast weibisch, sie mir das Herz zurückgelassen hat, so bewegt
mich der Jammer um sie. Das hätte ich vorher nie geglaubt, daß eines
Vaters Herz so weich werden kann um ein Kind.“

In einem späteren Briefe heißt es glaubensvoll: „Elisabeth ist
von uns geschieden und zu Christo durch den Tod ins Leben gereist“.
Auf dem alten Gottesacker vor dem Elstertor ward dem Kind seine
Ruhestatt bereitet, und dort ist noch heute, in die Friedhofmauer
eingelassen, der kleine Grabstein zu sehen mit der Inschrift: „Hic

dormit Elisabeth filiola M. Lutheri anno MDXXVIII
3. Augusti" (hier schläft Elisabeth, Martin Luthers Töchterlein).
Des Vaters Gram war auch der Mutter Schmerz.

Aber „das Leben, es hat auch Lust nach Leid": als eigentlicher
Ersatz für das früh dahingeschwundene Elselein betrachteten die
Lutherleute das zweite Töchterlein, das ihnen am 4. Mai 1529
rasch und glücklich geschenkt wurde und in der Taufe den Namen
Magdalena erhielt. Luthers Lenchen, die feine, zarte Licht=
gestalt mit dem goldblonden Haar und dem tiefen Gemüt, ist uns
fast das bekannteste unter den Kindern des Schwarzen Klosters
geworden; jedenfalls ist sie, trotz aller Liebe zu den andern Kindern,
in ihrem kurzen Erdendasein des Vaters besonderer Liebling ge=
wesen, der ihm nur eitel Freude, nie Kummer oder Ärger bereitet
hat. Wir haben noch den Gevatterbrief an Nikolaus Amsdorf; er
klingt nicht mehr so überglücklich, so launig wie der aus Hänschens
Kindheit, sondern abgeklärter durch Leid und reifer:

„Achtbarer und würdiger Herr! Gott, der Vater aller Gnaden, hat mir
und meiner lieben Kethen eine junge Tochter gnädiglich bescheret; so bitte
ich Euer Hochwürden um Gottes willen, Ihr wollet ein christlich Amt
annehmen und derselbigen armen Heidin ein christlicher Vater sein und
ihr zu der heiligen Christenheit helfen durch das himmlische, hochwürdige
Sakrament der Taufe."

Von allen Lutherkindern ist Magdalena das einzige, das Künst=
lerhand im Bilde uns überliefert hat. Als Luther im Sommer 1530
auf der Coburg weilte und durch seines Vaters Hinscheiden tief
betrübt war, schickte ihm Frau Käthe in ihrer feinfühligen Art zur
Überraschung und zum Trost in seinem Heimweh ein Bild des ein=
jährigen Lenchens. Dasselbe muß nicht gerade ein Meisterwerk
gewesen sein — wir wissen nicht einmal, von wem es war —;
Luther äußerte darüber: „Ei, die Lene ist ja so schwarz!" „Aber",
heißt es in dem Dankbrief von Luthers Famulus und Begleiter,
Veit Dietrich, weiter:

„jetzund gefällt sie ihm wohl und dünkt ihm je länger je mehr, es sei Lenchen. Sie sieht dem Hänschen über die Maßen gleich mit dem Mund, Augen und Nase, in Summa mit dem ganzen Angesicht und wird ihm noch gleich werden"; „Ihr habt ein sehr gut Werk getan, daß Ihr dem Herrn Doktor die Kontrafaktur (das Konterfei) geschickt habt, denn er über die Maßen viel Gedanken mit dem Bilde vergisset. Er hat's über den Tisch an die Wand geklebt, da wir essen, in des Fürsten Gemach."

Ein anderes, bekannteres Bild Lenchens stammt etwa aus dem 10. Lebensjahr und ist ohne Zweifel das Werk Lukas Cranachs. Es zeigt uns ein überaus feines, zartes, wohlgerundetes Gesicht im Goldschmuck langer, blonder Haare, das mit klugen, reifen Augen uns anblickt, in denen etwas liegt von dem Glanz der Ewigkeit, der nach allen Nachrichten durch das ganze kurze Erdenleben dieses lieblichen Kindes leuchtete. Eine ganz besonders zarte, innige Geschwisterliebe verband die beiden ältesten Kinder Hans und Lenchen miteinander, so daß sie nicht gern getrennt voneinander leben mochten. Was Lenchen den beiden Eltern war, das mögen sie so recht erst empfunden haben, als sie an seinem Krankenbette um das teure Leben zu ringen hatten, wovon der 14. Abschnitt berichten wird.

Am 9. November 1531, dem Tag vor des Hausherrn Geburtstag, beschenkte ihn Frau Käthe mit dem zweiten Sohn; aus dem Zusammentreffen dieser Tage erklärt sich wohl der Name M a r t i n, den er in der Taufe erhielt. Von dem einjährigen Kinde schreibt Luther am 13. Dezember 1532 an seinen Paten, den kurfürstlichen Kämmerer Johann von Rietesel: „Euer Pate will ein tätiger Mann werden; er greift zu und will sein Sinnchen haben". Das war ja nun nicht gerade Zufall nach dem, was wir oben über Luthers Eigensinn und den starken Willen Frau Käthes gehört haben, und deswegen hat der Vater über dieses Sinnchen, in dem er sich selbst abgebildet sehen mochte, auch mehr gelächelt als gezürnt. Als die Mutter den Kleinen einmal wickelte und er sich mit Hand und Fuß dagegen sträubte, sprach der Vater wohlgefällig: „Schrei flugs und

wehre dich. Der Papst hatte mich auch gebunden, aber jetzt bin ich
frei". Und wenn sich dieses „Sinnchen" später sogar gegen den
Vater wandte, gegen den Martin einmal seine Lieblingspuppe
eifrig verteidigte, so nahm dieser das nur zum Anlaß, davor zu
warnen, daß er einmal sollte Jurist werden, denn den Juristen war
Luther mit den Jahren immer mehr gram.

Am 8. Januar 1533 kam der dritte Sohn zur Welt. Er erhielt
den Namen P a u l , weil, wie der Vater sagte, er dem Apostel
Paulus so viel zu danken habe, daß er billig zwei Söhne nach ihm
hätte nennen sollen. Diesmal griff Luther mit den Taufpaten bis
ins Fürstenhaus hinein; neben Melanchthon, Jonas, dem kurfürstlichen Erbmarschall Hans Löser und der Frau des kurfürstlichen
Leibarztes Kaspar Lindenmann hob der Bruder des Kurfürsten Johann Friedrich, Herzog Johann Ernst, das Kind aus der Taufe,
die im kurfürstlichen Schlosse stattfand.

Und endlich am 17. Dezember 1534 gesellte sich zu den drei
Brüdern und dem Lenchen noch ein Schwesterchen, das zu Ehren
der Großmutter den Namen M a r g a r e t e erhielt. Auch die
„Maruschel", wie Luther sie gern nannte, hatte einen fürstlichen
Paten, den Fürsten Joachim von Anhalt; außerdem den Super-
intendenten Jakob Probst in Bremen, der einst Luthers Klosterbruder gewesen war und dem er sein Patenkind in Ahnung seines
frühen Scheidens manchmal brieflich ans Herz legte.

In 8½ Jahren sechs Kinder, von denen wenigstens fünf auf-
zuziehen waren: wir können uns denken, welches Maß von Arbeit
und mütterlicher Sorge dieses Kinderhäuflein der Hausmutter
brachte, von der wir im 8. Abschnitt gehört, daß sie allein durch den
laufenden Haushalt mehr als zur Genüge beschäftigt war. Allein
gerade darin zeigte sich Frau Käthens starke, gesunde Natur, daß
sie bei dieser Arbeit nicht erlag, sondern, einige Krankheitszeiten
abgerechnet, stets mit gleicher Rüstigkeit dem großen Haushalt
nachkam. Mit nimmermüder Treue und Geduld, mit zärtlicher

Liebe und Fürsorge, die ihr sogar nach Luthers Tode noch ver=
übelt wurde, ist sie ihren Mutterpflichten obgelegen. „Viel Kinder,
viel Glück", das durfte sie als echte deutsche Frau auch erleben und
aus dem im großen Ganzen fröhlichen Aufwachsen ihres Kinder=
volks auch wieder unendlich viel Freude und damit Kraft schöpfen.
Über ihre mütterlichen Talente spricht Luther das schönste Ehren=
zeugnis ehrlicher Bewunderung aus in den Worten:

„Es greift ein Weib viel besser zu einem kleinen Kinde mit dem kleinen
Finger, denn ein Mann mit beiden Fäusten. Mit wie feinen, bequemen
Gebärden spielen und scherzen die Mütter, wenn sie ein weinendes Kind
stillen oder in die Wiege legen! Laß nun solches einen Mann tun, so
wirst du sagen müssen, er stelle sich dazu wie ein Kamel zum Tanz, so gar
übel stehet ihm solches an, auch wenn er das Kind mit einem Finger
angreifen soll."

Und was er hier von der leiblichen Wartung und Pflege der
Kinder sagt, das gilt von der seelischen und gemütlichen Erziehung
nicht weniger; Katharina war die rechte Mutter, zu des Vaters
Rute den Apfel zu legen und in den oft herben Essig seines Tem=
peraments das linde Öl mütterlicher Güte zu gießen. Sie verstand
es aber auch, im Drang eigener Geschäfte dann und wann den Haus=
vater als Kindsmagd anzustellen, und er hat sich dabei durchaus
nicht angestellt „wie ein Kamel zum Tanz", sondern mit seinem
wunderbaren Gemisch von Humor und Frömmigkeit aus den ein=
fachsten und natürlichsten Geschehnissen der Kinderstube sich seine
Lehren gezogen fürs Religiöse, fürs Gottesreich und so an und von
seinen Kindern gelernt: „O wie muß unser Herrgott so manch
Murren und Gestank von uns leiden, anders denn eine Mutter
von ihrem Kinde". „Lieber Herr Gott, wie wohl gefällt dir doch
solcher Kinder Leben und Spielen! Ja, alle ihre Spiele sind nichts
denn Vergebung der Sünden."

Am ganzen Bilde, das wir uns von Luther als Menschen machen,
ist und bleibt die anziehendste Seite die, die ihn uns zeigt im glück=

lichen Familienkreis, entweder predigend und betend oder singend
und spielend. So zeigen ihn auch die bekannten Bilder von
Spangenberg und Plockhorst, König und Schwerdgeburth, nur daß
der Weihnachtsbaum darauf eine künstlerische Freiheit ist, denn er
war zu Luthers Zeit noch nicht Sitte. Aber auch ohne ihn war der
Aufenthalt im häuslichen Kreise dem viel umgetriebenen Mann
der liebste Feierabend und die köstlichste Erholung, und wenn er hier
die Laute schlägt und fröhlich dem Herrn im Himmel sein Loblied
singt, so klingt etwas hinein von der Stimmung der Worte:

„Ach wie ein großer, reicher und herrlicher Segen Gottes ist im Ehe=
stande! Welch eine Freude wird dem Menschen gezeiget an seinen Nach=
kommen, die von ihm gezählet werden auch nach seinem Tode, wenn er
nun liegt und faulet! Ist doch das die schönste und größte Freude. — Ich
laß mir genügen; ich hab drei eheliche Kinder, die kein päpstlicher Theolog
hat, und die drei Kinder sind drei Königreiche, die ich erblicher hab denn
Ferdinandus Ungarn, Böhmen und das römische Königreich. — Ach
lieber Herr Gott, welch ein groß, aber seltsam Ding ist's doch, Weib und
Kinder recht lieb haben! Es muß ein frommer Mann und ein fromm
Weib sein, der sein Gemahl und Kinder recht liebet.“

Ist Frau Käthe groß gewesen als Hausfrau, die „herrschet weise
im häuslichen Kreise“, groß als Mutter, die „lehret die Mädchen
und wehret den Knaben“, so rückt sie uns freilich menschlich noch
näher im Hauskreuz, an den Kranken= und Sterbebetten ihrer
Kinder, wovon der 14. Abschnitt uns erzählen wird.

Elfter Abschnitt

Hausgenossen

„Es wachsen die Räume, es dehnt sich das Haus.“ Mann und
Kinderschar, Haus und Gärten, es wäre an sich für Frau Käthe
genug gewesen. Aber wir haben schon von Luthers unbegrenzter
Freigebigkeit und Gastlichkeit gehört, die jedem Menschenkind, ob

verwandt oder fremd, wenn es in Not oder Bedrängnis schien, die
Pforten seines Hauses öffnete. Und wenn auch Frau Käthe dann
und wann — wir möchten sagen: mit Recht — hier etwas bremste,
sie konnte und sie wollte ihres Gatten Natur nicht ändern, und so
hat sich ihr Haus ausgestaltet zu einer Herberge für Ungezählte,
die im Frieden des Schwarzen Klosters fanden, was sie für Leib
und Seele brauchten, und die sie alle mit ihrem weitumfassenden
Herzen mütterlich betreute.

Der erste Gast, den das Lutherhaus aufnahm, kam freilich von
Frau Käthens Seite und hat ihr weniger Last bereitet als abge-
nommen. Es war die M u h m e L e n e, Magdalena von Bora,
eine Schwester ihres Vaters, die einst mit ihr Nonne im Kloster
Nimbschen gewesen war, wo sie jahrelang das Amt der Siechenmeisterin, d. h. der Vorsteherin der Krankenstube, bekleidet hatte.
Bald nach Käthes Flucht, die sie wohl wegen ihres Alters nicht mit-
machen mochte, ist sie aus dem Kloster auch ausgetreten, und nachdem ihre Nichte ihren Lebensplatz an Luthers Seite gefunden, was
war natürlicher, als daß sie die gute Tante nach sich zog? Es mag
bei Luther keinen Kampf gekostet haben, der Betagten in seinem
Hause, ein Asyl zu bereiten, und er hat es nicht zu bereuen gehabt,
denn die Muhme war immerhin noch so rüstig und von ihrem
Siechenamt einen solchen Umtrieb gewohnt, daß sie ihrer Nichte
eine unübertreffliche Stütze in Haushalt und Kinderstube, in gesunden und kranken Tagen, dem ganzen Hause als guter, freundlicher Hausgeist zum reichen Segen geworden ist. Es war eines
der ersten Baugeschäfte Frau Käthes, daß sie der Tante ein „Stüb-
lein mit Kammer und Schornstein" einrichtete, in dem sie sich wohl
nicht allzuviel aufgehalten hat, da es überall galt, mit Hand anzu-
legen. Und das hat sie nach allem, was wir wissen, mit der ganzen
stillen Anspruchslosigkeit einer echten Nonne, ohne sich vorzu-
drängen oder geltend zu machen, in einer Weise getan, die sich dem
Haushalt als dienendes Glied einzuordnen und Liebe mit treuen

Händen zu geben wußte, dafür aber auch Liebe in reichem Maße ernten durfte. Insbesondere war sie der Kinder Abgott; sie wird wohl die Eigenschaft aller Tanten und Großmütter besessen haben, daß sie die Zügel weniger straff anzog als die Eltern selbst, daß sie sie etwas verzog und verwöhnte. Wenn Luther oder seine Frau Anlage zur Eifersucht besessen hätten, fast wäre sie hier am Platz gewesen; einmal klingt es fast so, wenn Luther von ihr sagt, daß „sie ihm die schönste und größte Freude zuvor wegnimmt". Aber es klingt nur so; in Wahrheit hat er die Muhme von ganzem Herzen lieb gehabt und hochgeschätzt. Nach ihr hat er doch sein Töchterlein Magdalena genannt; in seinen Briefen grüßt er sie herzlich, schickt ihr sogar in dem wunderlieblichen Märchenbrief an Hänschen von der Koburg „einen Puß", weiß auch, daß Hänschen in den „hübschen schönen Garten" nicht kommen will, wenn er die Muhme Lene nicht mitbringen darf, kann aber auch im Namen des Gartenbesitzers schreiben, daß das „ja sein soll". Im übrigen war das Verhältnis Luthers zu der guten Muhme auf den Ton herzlichen Humors gestimmt. Neckend und schreckend, wie er es so gerne tat, schrieb er zur Zeit des Augsburger Reichstags einmal heim, die Papisten wollen alle Mönche und Nonnen wieder in die Klöster sperren, und fragte nun nach der Rückkehr auch dieMuhme, ob sie nicht wieder ins Kloster wollte und Nonne werden, was sie so in Aufregung versetzte, daß sie, ihr altes Klosterlatein hervor= suchend, ein eifriges „Non, non" hervorstieß. Ein reichliches Jahr= zehnt lang ist das Lutherhaus der ehrwürdigen, lieben Alten eine freundliche Heimstatt gewesen, die sie 1537, still wie sie gelebt, verließ. Luther stand an ihrem Sterbebette und wußte die Kranke, der „ums Herz weh", die aber bei ganz klarem Bewußtsein war, in seiner herrlichen Weise zu trösten und zu stärken: „Ihr werdet nicht sterben, sondern wie in einer Wiegen entschlafen, und wenn die Morgenröte wieder aufgehen wird, sollt Ihr wieder aufstehen und ewig leben. Der Herr wird Euch bald erlösen von allem Übel".

Tief ergriffen von der stillen Glaubenszuversicht der Sterbenden trat er abseits ans Fenster, betete still und durfte von dem Toten-bette scheiden mit dem Wort: „O wie wohl ist der, denn das ist kein Tod, sondern ein Schlaf!" Frau Käthe drückte unter heißen Tränen der treuen Seele die Augen zu; die Lücke, die dieses Scheiden in ihr Haus riß, ist nie ersetzt worden.

Ungleich stärker an Zahl und ungleich anspruchsvoller als Muhme Lene war nun die jüngere Generation von Hausgenossen, N e f f e n und N i c h t e n der beiden Ehegatten, die, alle nicht mit Gütern des Glücks gesegnet, im Schwarzen Kloster eine Heim-statt und Versorgung fanden, von Frau Käthe mit derselben Liebe umsorgt wie die eigenen Kinder. Als im Jahr 1542 einmal über Tisch vom König Salomo die Rede war und von seinem großen weiblichen Hofstaat, sprach Luther mit deutlicher Beziehung aufs eigene Haus: „Darunter sind gewiß viele arme Mägdlein aus dem Geschlechte Davids gewesen, die sich alle zu dem reichen König Salomo gefunden haben und wollten von ihm ernährt sein". Da war von Borascher Seite ein Sohn von Käthes Bruder, Florian von Bora, und eine Nichte, Hanna von der Sale, die aber schon 1528 sich an einen Pfarrer, Heinrich Eisenberg, verheiratete. Da waren aber sodann die elf Neffen und Nichten Luthers: 6 Kinder einer früh verstorbenen Schwester: Andreas, Cyriakus, Fabian, Georg, Lene und Else Kaufmann; 3 Kinder einer andern Schwester: Hans Polner und zwei Geschwister; ein Sohn seines Bruders Jakob, Martin Luther, und endlich eine Großnichte Anna Strauß, Enkelin einer Schwester Luthers.

Nicht alle diese Pflegekinder haben den Pflegeeltern das Leben immer leicht gemacht. Mit den Neffen gab es hie und da einen scharfen Strauß wegen der studentischen Unsitte des Trinkens, von der sie nicht immer ganz nüchtern nach Hause kamen; doch sind sie schließlich alle etwas Rechtes geworden. Die Nichten gingen Frau Käthe im Haushalt tüchtig an die Hand; doch galt es

auch auf sie ein offenes Auge zu haben, damit sie sich nicht vor=
zeitig und ungeeignet verheirateten. Diese Neigung scheint be=
sonders bei Lene Kaufmann vorhanden gewesen zu sein, von der
Luther einem Bewerber, seinem Famulus Veit Dietrich, schrieb:
„Sie muß noch besser gezogen werden. Meine Muhme wäre
mit Euch wohl versorget, weiß aber nicht, ob Ihr mit ihr versorget
würdet". Aber als sie 1538 besser gezogen war, gab sie Luther
ohne Bedenken dem Wittenberger Professor Ambrosius Berndt
zur Frau. Er und seine Frau nahmen die Ausstattung der Nichte
ganz in eigene Hände: „Seid gutes Muts, das geht euch nichts
an". Frau Käthe stattete die Braut nach ihres Mannes Meinung
fast allzu reich aus; das Brautkleid war mit golddurchwirkten
Borten besetzt, wie sie „nicht einmal der König Salomo oder
Julius Cäsar getragen; es muß jetzt alles Gold sein; was man
früher zu Kirchenschmuck gegeben hätte, hänget man jetzt an den
Hals". Auch die Hochzeit am 27. November mit Küche und Keller
machte der Freigebigkeit und Verwandtenliebe Frau Käthes alle
Ehre. — Eine ähnlich solenne Hochzeit richtete das Ehepaar am
30. Januar 1542 der Anna Strauß zu, die sich mit dem Magister
Heinrich aus Kölleda vermählte. An allen diesen Verwandten
hat Frau Käthe mit hingebender mütterlicher Liebe und Fürsorge
gehandelt, ohne jemals ihrem Gatten wegen seiner zahlreichen
Verwandtschaft Vorhalt zu machen; schon diese Tatsache allein
würde die böse Nachrede des Geizes (siehe Seite 66) schlagend
entkräften.

Aber der Kreis der Hausgenossen ging weit über die Verwandt=
schaft hinaus. Die Kinder des Hauses wollten unterrichtet sein;
dem Vater Luther fehlte die Zeit zu einem geordneten Unterricht,
und die Schulen Wittenbergs müssen, trotzdem Melanchthon am
Orte war, wenig gut gewesen sein. So wurden denn nacheinander
eine Reihe von Hauslehrern, Präzeptoren, Pädagogen, auch ludi
magistri, Schulmeister genannt, angestellt, vom ersten Hierony=

mus Weller bis zum letzten Ambrosius Rudtfeld, der noch nach
Luthers Tod eine Zeitlang im Hause blieb, meist ältere Studenten
der Theologie, die sich auf diese Weise einen Freiplatz im Hause
verschafften. Dasselbe gilt von den Famuli oder Gehilfen, die
sich Luther zur Hilfeleistung in schriftlichen Dingen aus dem Kreis
seiner Studenten aussuchte und die selbstverständlich auch Haus-
und Tischgenossen waren; wir treffen unter ihnen unbedeutende
Leute wie den Wolf Sieberger, dem wir nachher beim Gesinde noch
begegnen werden, aber auch tüchtige, wie den schon erwähnten
Veit Dietrich, der 1549 als Pfarrer in Nürnberg, Johann Aurifaber, der 1575 als Pfarrer in Erfurt, und Johann Neobulus,
der, später mit Johannes Brenz näher verbunden, 1572 als Pfarrer
in Endingen in Württemberg starb.

Jedoch Frau Käthes Sinn hätten solche Hausgenossen allein, die
ohne Entgelt an ihrem Tische mitaßen, nicht genügt. Sie war
stets darauf bedacht, Beiträge zu den Kosten des großen Haushalts zu beschaffen, und ein Mittel dazu, wenn auch nicht das
einträglichste, war die Haltung einer Studentenburse. Wie wir
schon im fünften Abschnitt gesehen, waren die Studenten damals
bei den Familien der Universitätsstädte nicht bloß in Wohnung,
sondern mit voller Verpflegung untergebracht. Von den Professoren insbesondere wurde es erwartet, daß sie eine solche „Burse"
in ihrem Hause einrichteten, und beide Teile stellten sich wohl dabei; die Studenten hatten um verhältnismäßig billiges Geld gute
Unterkunft und wissenschaftliche Anregung, teilweise sogar förm-
liche Nachhilfe, und den Professoren tat es gut, wenn ihre schmalen
Besoldungen durch diesen Verdienst etwas aufgebessert wurden.
In seinem ledigen Stande hatte Luther nach seiner ganzen groß-
zügigen Art nur bedürftige Studenten bei sich, von denen er keinerlei Entgelt nahm. Als Käthe die Zügel des Hauswesens übernahm,
wurde das anders und wurden mit Vorliebe zahlende Kostgänger
aufgenommen; wir hörten oben (Seite 68), daß sie es mit der

Bezahlung genau nahm, was kein vernünftig Denkender ihr ver=
übeln wird. Das Obergeschoß des Schwarzen Klosters, die früheren
Mönchszellen, wurde fast ganz zu Studentenwohnungen einge=
richtet, und so sehen wir Haus und Tisch Luthers in den 21 Jahren
seines Ehestandes bevölkert von einer bunten, stets wechselnden
Schar von Kostgängern, und zwar nicht bloß Studenten, sondern
auch jüngeren Schülern, die von den Studenten als „Präzeptoren"
unterrichtet wurden. Es ist begreiflich, daß man sich förmlich riß
um den Vorzug, Luthers Haus= und Tischgenosse zu sein, und daß
lange vorherige Anmeldung nötig war, um einen Platz bei ihm zu
bekommen. Denn wenn Frau Käthe auch das Menschenmögliche
tat, den Kreis recht groß zu machen, der Raum setzte ihr doch be=
stimmte Grenzen. In bezug auf das Wirtschaftliche war sie die
unumschränkte Leiterin dieser Burse und genoß als domina oder
despoina (Herrin) unbegrenzte Autorität. Sie hat es mit dieser
Aufgabe keineswegs leicht gehabt; abgesehen von der täglichen
Fürsorge für eine solch große Zahl von Tischgenossen bereitete ihr
mancher der Studenten durch Unregelmäßigkeiten des Lebens=
wandels und der Bezahlung auch manchen Verdruß, und es mag oft
ihre Aufgabe gewesen sein, gegen ungeeignete Elemente mit
starker und strenger Hand vorzugehen. Aber daraus, daß wir
außer dem hie und da verlautenden Unmut über ihre Strenge be=
züglich der Bezahlung niemals eine Klage über sie hören, ist zu
schließen, daß sie sich dieser ihrer hausmütterlichen Aufgabe mit
aller ihr eigenen Treue und Sorgfalt angenommen und ihre Kost=
gänger im Leiblichen ausgezeichnet versorgt hat. Sie hat das ins=
besondere in manchen Krankheitszeiten getan, wo sie dieselben nicht
aus dem Hause entfernte, sondern treulich verpflegte.

Aber der geistige Mittelpunkt und Leiter der Schar war selbst=
verständlich der Hausherr. Luthers geistige Nähe und Umgebung
zu genießen, ihn täglich sprechen zu hören, das war ja der Haupt=
zweck, der so viele Hunderte in das Haus zog. Und wenn ihn nicht

ein inneres Anliegen umtrieb und zum Schweigen bei Tisch veranlaßte, was manchmal vorkam und sich wie ein Alp auf Herz und
Mund der Tischgenossen legte, so hat er aus seinem Herzen keine
Mördergrube gemacht, sondern in seiner ganzen großen Unbe-
fangenheit und Natürlichkeit frisch von der Leber weg bei Tisch in
Ernst und Scherz der Unterhaltung gepflegt, die manchmal so leb-
haft wurde, daß die Tafelrunde ganz des Essens vergaß, nicht eben
zur Freude der Hausfrau, die 1540 gerne ein „Tischredengeld" eingeführt hätte. Sobald der Hausherr mit seiner scherzhaften Frage:
„Ihr Prälaten, was höret man Neues im Lande?" das Signal zur allgemeinen Unterhaltung gab, da waren die Schleusen geöffnet und
nicht bloß die Ohren, sondern auch die Griffel gespitzt zum Nachschreiben. Dem Bestreben, jedes Wort des großen Mannes schwarz auf weiß
festzuhalten, verdanken wir die mancherlei Sammlungen von Luthers
Tischreden, die, wie das bei solchen Nachschriften erklärlich, durchaus nicht immer als stenographisch treue und aktenmäßig zuver-
lässige Niederschriften anzusehen sind, denen wir aber neben manchem Nebensächlichen und Unbedeutenden auch manches schöne,
große und bedeutende Wort Luthers verdanken, der selbst gegen dieses Nachschreiben keinen Einspruch erhob und es damit stillschwei-
gend billigte. Es sind vor allen andern besonders zwölf Tischgenossen, deren Nachschriftensammlungen auf uns gekommen sind
und in Anbetracht des uns sonst bekannten Charakters der Schreiber
einen geschichtlichen Quellenwert beanspruchen dürfen; das sind
aus den Jahren 1529—39 Konrad Cordatus, Veit Dietrich, Johann
Schlaginhaufen, Anton Lauterbach, Hieronymus Weller, Ludwig
Rabe, und aus den letzten Jahren 1540—46 Johann Mathesius, der
spätere Pfarrer in Joachimstal und Verfasser der ersten Luther-
biographie, der 17 Predigten über Luthers Leben, in die eine Fülle
von persönlichen Erinnerungen geschickt und zuverlässig hineinver-
flochten ist, ferner Georg Plato, Kaspar Heydenreich, Hieronymus
Besold, Johann Stolz und Johann Aurifaber. Die Sammlungen

von Lauterbach und Aurifaber sind die reichhaltigsten und zuver-
lässigsten, leiden aber allerdings an dem Fehler, daß Aurifaber das
lateinisch von Luther Gesprochene verdeutscht und mit eigenen Gedanken und Anmerkungen durchsetzt und beide die Reden nicht nach
der zeitlichen Reihenfolge geben, sondern nach sachlichen Gesichts-
punkten geordnet haben, wobei manches aus dem Zusammenhang
herausgerissen wird. In dieser Beziehung sind die anderen Sammlungen, die ganz chronologisch verfahren, wertvolle Ergänzungen.
Eins aber verdient in einer Lebensgeschichte von Luthers Frau
besonders bemerkt zu werden, nämlich, daß das Normale und Selbstverständliche von den Nachschreibern kaum oder selten erwähnt
wurde, dagegen die Griffel sich spitzten, wenn Luther einer kleineren
oder größeren Verstimmung in Ernst oder Scherz Worte lieh. Daher kommt es, daß wir über kleine Unarten der Kinder, über kleine
häusliche Unstimmigkeiten verhältnismäßig vieles aus den Tischreden erfahren — und doch im ganzen genommen herzlich wenig,
und auch das wenige, was vorkommt, macht oft den Eindruck, als
habe eine gewisse wohlgefällige Freude am Unangenehmen die
Feder geführt, so wenn Cordatus zu Luthers Wort: „Nehmt vorlieb
mit einem frommen Wirt, denn er ist der Frauen gehorsam" hinzu-
setzen zu müssen meint: „Das ist gewißlich wahr".

Zeigen schon die Tischreden das ganze köstliche Gemisch von Ernst
und Scherz, das in Luther sich so harmonisch vereinigte, so wissen wir
auch sonst, daß in der häuslichen Gemeinschaft dem Frohsinn und
der Kurzweil eine reiche Statt verliehen war. Eine Kegelbahn war
für das junge Volk eingerichtet, auf der der ernste Doktor sich dann
und wann zum Ergötzen der Jugend betätigte. Mit Vorliebe hat
er auch Schach gespielt, mit der Armbrust nach der Scheibe ge-
schossen und vor allem gesungen und die Laute geschlagen. Dem
Pfarrer Stiefel in Lochau kündigt er 1531 einen Überfall mit
vielen kirschenliebenden Knaben an, die seine Kirschen besehen
wollen.

Zu dieſen regelmäßigen Koſtgängern geſellte ſich nun aber jahr=
aus jahrein ein weiter, weiter Kreis von ab= und zugehenden
Gäſten, denen des Hausherrn unbegrenzte Gaſtlichkeit lieber als
der Hausfrau wirtſchaftliche Sparſamkeit die Pforten des Hauſes
oft für lange Zeit öffnete. Da waren aus dem Kloſter entronnene
Mönche und Nonnen oder vertriebene evangeliſche Prediger und
ſonſt Angefochtene, die Luther ſtets mit Vorliebe aufnahm und be=
herbergte, bis ein geeignetes Plätzchen für ſie gefunden war. Da
waren ganze Familien von an der Peſt kranken oder verſtorbenen
Amtsgenoſſen. Da waren angeſehene Männer des Auslands, die
Luther und die Reformation perſönlich kennen lernen wollten, wie
der Engländer Dr. Robert Barnes (S. 79), der 1533 in Wittenberg
ſich aufhielt, ſpäter Hofkaplan des Königs Heinrich VIII. wurde
und 1540 auf dem Scheiterhaufen endete, oder der Öſterreicher
Wolfgang Schiefer, ein einflußreicher Berater des ſpäteren
Kaiſers Maximilian II., der 1539—40 an Luthers Tiſch den Ehren=
platz einnahm. Da waren Fürſtinnen wie die aus dem Freiberger
Kloſter ohne Geld und Gut entlaſſene Herzogin Urſula von Münſter=
berg oder jene unglückliche Kurfürſtin Eliſabeth von Brandenburg,
die als Anhängerin der Reformation von ihrem Gemahl, dem Kur=
fürſten Joachim I., viel Schweres erduldet hatte, die ver=
trieben und an Leib und Seele krank 1537 viele Wochen im Luther=
hauſe Gaſtfreundſchaft genoß und von Frau Käthe treulich ver=
pflegt wurde („meine Käthe ſitzt bei ihr auf dem Bette und ſchweiget
ſie“), deren Mutter aber, der Fürſtin Margarete von Anhalt, die
ſie beſuchen wollte, bedeutet werden mußte, es ſei kein einziges
Räumlein für ſie verfügbar. Dazu kam die bunte Schar der vor=
übergehenden Gäſte und Beſuche, Gelehrte und Bittſteller, die
teils amtliche und perſönliche Anliegen, teils einfache Neugier in
das Lutherhaus führten.

Der grimmige Herzog Georg von Sachſen machte Luther einmal den
Vorwurf: „Du haſt zu Wittenberg ein Aſyl eingerichtet, daß alle Mönche

und Nonnen, so uns unsere Klöster berauben mit Nehmen und Stehlen, die haben bei dir Zuflucht und Aufenthalt." Und als 1542 der Fürst Georg von Anhalt Luther besuchen und einige Zeit bei ihm verweilen wollte, da riet ihm ein treuer Verehrer Luthers, Mag. Georg Helt, wohlmeinend aber dringend davon ab, im Lutherhause abzusteigen:

„Das Haus D. Luthers bewohnt eine bunte, gemischte Schar von Jünglingen, Studenten, Mädchen, Witwen, alten Frauen und Knaben. Darum herrscht dort große Unruhe, und viele bedauern das um des großen Mannes, des ehrwürdigen Vaters willen. Wenn D. Luthers Geist in allen wohnte, so würde sein Haus Euer Gnaden eine angenehme und freundliche Herberge auf einige Tage gewähren, daß Euer Gnaden jenes Mannes häuslichen Umgang genießen könnten. Aber wie jetzt die Sache steht und das Hauswesen des Herrn Doktors sich verhält, möchte ich nicht geraten haben, daß Euer Gnaden in seinem Hause absteigen."

In dieser Abratung liegt ein hohes Lob für Luthers Haus und insbesondere für die nimmermüde Hausfrau, die diesem ganzen vielbewegten Umtrieb mit starker Hand vorstand, auf der die Haupt-last der Gastfreundschaft ruhte und die diese Aufgabe, hierin ihres Mannes getreue Schülerin, „ohne Murmeln" und gerne erfüllte.

Es ist aber ganz selbstverständlich, daß sie dieser Riesenaufgabe nicht mit ihren zwei Händen allein nachkommen konnte. Zu ihrem Hausstand gehörte auch endlich das Gesinde. Wenn Luther einmal klagt: „Ich bin billig im Register der Armen, denn ich hab' zu groß Gesinde", so sehen wir, daß es sich dabei nicht bloß um eine oder zwei Mägde handelte, sondern um eine stattliche Zahl von Dienstboten, stets wechselnd, und keineswegs immer mustergültig, aber in Luthers Hause als ein Stück täglichen Brots, als zur Familie gehörig angesehen, weil er es ja gewesen ist, der die niedrigste Arbeit im christlichen Lichte als Berufserfüllung schätzen lehrte. An den Hausandachten nahm das Gesinde stets Anteil; in den Briefen wird „das gesamte Gesinde" gegrüßt. Wie Luther, so war auch seine Frau für das leibliche und geistliche Wohl der

Dienstboten treulich besorgt. Enttäuschungen blieben freilich nicht
aus. Ein Knecht des Hauses, für gewöhnlich fleißig und sonst wie
ein Lamm, wenn er sich aber im Trinken übernahm, ein schlimmer
Raufbold, erschlug 1538 im Rausch einen anderen und mußte
fliehen. Eine Abenteurerin, die sich unter dem Namen Rosina
von Truchseß als entlaufene Nonne einzuführen wußte, wurde bald
entpuppt und es zeugt für Luthers und seiner Frau grenzenlose
Güte, daß sie der Schwindlerin gegen das Versprechen der Ehr-
lichkeit den ferneren Aufenthalt im Hause gestatteten, den sie sich
freilich bald durch Lügen, Stehlen und schlimmere Dinge unmög-
lich machte, so daß auch Käthes Geduld endlich riß und sie sie aus
dem Hause jagte, worüber Luther selbst hinterher ärgerlich war,
aber nur, weil er meinte, eine solche verlogene, diebische Schälkin
hätte verdient, gesäckt (d. h. im Sack ertränkt) zu werden, die Elbe
hätte denn nicht Wasser genug gehabt. Auch sonst hört man allerlei Klagen über das Gesinde. Einmal bestellt Luther bei einem
Freund in Nürnberg „einen recht großen, unzerbrechlichen und
sich selbst putzenden Leuchter, dem die Mägde weder im Wachen
noch im Schlafen etwas anhaben können; Du weißt ja, was für
Sitten und Charakter das Gesinde jetzt hat". Aber als Frau
Käthe einmal über Untreue und Ungehorsam der Leute klagte,
tröstete er sie: „Ein reiner und treuer Diener ist eine vortreffliche
Gottesgabe, aber ein seltener Vogel auf Erden". Und sie selbst
war jedenfalls eine Hausfrau, die ihrem Gesinde mit dem treff-
lichsten Exempel voranleuchtete, wie ihr Luther bezeugt: „Die Augen
der Hausfrau kochen besser als Magd, Knecht, Feuer und Kohlen".

Das Bild des Gesindes wäre aber unvollständig, wenn wir
neben den Mägden, Knechten, Gartentaglöhnern, dem Kutscher,
dem Schweinehirten Johannes, nicht noch mit einem besonderen
Wort des Faktotums und „ewigen Studenten" Wolfgang Sieberger
gedenken würden. Ein gebürtiger Bayer aus München, war der
krüppelhafte, halblahme Mensch schon 1515 als Student nach

Wittenberg gekommen und von Luther aus Mitleid als Famulus
angenommen worden. Aber das Ingenium zum Studieren fehlte
ihm völlig und in Luthers Hause fand er eine nicht eben an=
strengende, bequeme Tätigkeit und Unterkunft, die ihm das
Studieren entbehrlich machte. Hatte er anfangs noch mit Luthers
Briefverkehr oder dem Versand der Bücher zu tun gehabt, so sank
die Höhenlage seiner Aufgabe mehr und mehr zum Wirtschaftlichen
herab, und es war beinahe nichts im Hause, wozu er nicht zu ge=
brauchen war. Allerdings Geduld mußte man mit ihm haben,
denn er war saumselig und schläfrig, nickte manchmal über der
Arbeit ein, hatte auch die schlimme Leidenschaft des Vogelstellens,
worüber ihm Luther 1534 den reizvoll launigen Brief „Klage=
schrift der frommen, ehrbaren Vögel" schrieb; war aber anderer=
seits wieder seines Herrn Lehrmeister im Drechseln und den Kin=
dern ein nimmermüder, viel mißbrauchter Diener ihrer Spiele
und Bastelarbeiten. Was ihm an Begabung und Fleiß abging,
das ersetzte er durch Anhänglichkeit und Treue, und verdiente sich
so die Vertrauensstellung, daß er eine Art Oberaufsicht über die
Wirtschaft im Hause und über das Gesinde ausüben durfte, so
daß Luther einmal scherzte: „Aaron habe nur e i n e n Moses über
sich gehabt, er aber habe deren drei: Rörer (s. Seite 117), Wolf
und seine Käthe, und das seien drei Moses auf einmal." Wie
treulich verbunden ihm die Familie war, das zeigt ja die Tatsache,
daß Luther 1535 für ihn „Brisgers Häuschen", das spätere „Haus
Bruno" (s. Seite 57) als Altenteil kaufte; Wolf Sieberger wollte
sich aber von der Familie nicht trennen; als Luther, immer mit
Todesahnungen umgehend, ihn fragte: „Was wirst du tun, Wolf,
wenn ich bald sterben sollte? Möchtest du auch bei meiner Frau
bleiben?", gab die treue Seele zur Antwort: „Ich weiß es nicht,
aber ich wünschte ebenfalls zu sterben, wenn du, mein Vater,
gestorben bist". Er ist tatsächlich bis an sein Ende 1547 im Luther=
hause geblieben und hat das Gnadenbrot dort gegessen.

Überblicken wir diesen ganzen, vielverzweigten Hausstand, so singt er ein Preislied auf die Herrin, die allem vorstand, auf die Doktorissa. Mehr und besser als ein mittelalterliches Kloster erfüllte ihr Haus die Aufgabe, eine stillfriedliche Heimstatt für die Eigenen, eine gastfreie Herberge für ungezählte Fremde zu sein, „eine Zuflucht für Vertriebene, ein Hospital für Kranke, eine Troststätte für Angefochtene, ein Vaterhaus für Verwaiste". Und daß es das sein konnte, das ist nicht bloß das Verdienst Luthers, der seine Pforten weit öffnete und der bei allem Umtrieb von Kindern und Gästen unermüdlich und ungestört seiner Arbeit oblag, sondern wesentlich das der Hausfrau, die ihren Beruf meisterlich verstanden und treulich geübt hat. Es ist eine Fülle kernhaft deutschen christlichen Lebens, die uns in diesem ersten evangelischen Pfarrhaus entgegentritt. Wie Heimweh überkommt es uns nach dieser traulichen Stätte, wo Mann und Frau, Eltern und Kinder, Herrschaft und Gesinde in inniger Liebe verbunden sind, wo Autorität und Pietät, Innigkeit und Sinnigkeit, Ernst und Frohsinn herrschen, nach diesem Haus mit seinem Beten und Arbeiten, seiner Hausmusik und Hauspostille, seinen Freuden und Leiden, seinen sauren Wochen und frohen Festen, seinen guten Freunden und getreuen Nachbarn, über dem doch allezeit die Überschrift steht: „Ich und mein Haus wollen dem Herrn dienen."

Zwölfter Abschnitt

Hausfreunde

Ja, die guten Freunde und getreuen Nachbarn gehören notwendig zur Vollständigkeit des Bildes vom Lutherhaus. Hat uns der vorige Abschnitt von viel Arbeit und Mühe erzählt, die die vielen Hausgenossen Frau Käthe bereiteten, so dürfen wir nun auch hören, wie das Wort an ihr wahr wurde: „Tages Arbeit, abends

Gäste", wie ein Kreis von vertrauten und treuen Hausfreunden und =freundinnen ihr Haus und Leben schmückte. Luther selbst besaß ein für Freundschaft weit aufgeschlossenes Herz; beklagt er es doch 1532 einmal in seinen Tischreden, daß er hierin fast zu weit gehe:

> „Ist es nicht ein ganz schändlich Ding und Teufels Trug in uns, daß wir einem Menschen mehr vertrauen als Gott? Ich versehe mich zu meiner Käthe, zu Philippus, zu euch mehr Guts denn zu Christus, und weiß doch, daß keiner von euch solchs für mich litte, wie Christus erlitten hat."

Katharina ist auch darin ganz die Seine geworden, daß, wie seine Gegner ihre Feinde, so seine Freunde ihre Freunde geworden sind.

Obenan steht unter den Freunden des Lutherhauses Magister Philipp Melanchthon, der gelehrte Humanist und tiefgründige Theologe, mit dem Luther trotz aller Verschiedenheiten des Charakters und Temperaments, auch der theologischen Anschauungen, und trotz mancher Differenzen, die sich trennend zwischen beide zu stellen drohten, immer mehr verwuchs und den er an Gaben und Gelehrsamkeit über sich selbst stellte als „bewundernswerten Menschen, an dem nichts ist, das nicht Menschenmaß übersteigt"; „wer ihn verachtet, der muß ein verachteter Mensch vor Gott sein". Er wußte wohl, wie ihrer beider Eigenarten sich ergänzten und ausglichen und hat das unübertrefflich schön ausgesprochen in den bekannten Worten:

> „Ich bin dazu geboren, daß ich mit Rotten und Teufeln muß zu Felde liegen; ich muß die Klötze und Stämme ausreuten, Dornen und Hecken weghauen und bin der grobe Waldrechter, der Bahn brechen und zurichten muß. Aber Magister Philippus fähret säuberlich und stille daher, bauet und pflanzet, säet und begießet mit Lust, nach dem Gott ihm gegeben seine Gaben reichlich."

Was Melanchthon für Luther war, das zeigt besser als alle Worte jene Tat des Glaubens, die er 1540 an Melanchthon verrichtete, als er den zu Weimar schwer Erkrankten durch die Kraft seines Gebets und seines starken Willens recht eigentlich gesund betete, damit er „unserem Herrn Gott noch weiter dienen" konnte. Die Häuser beider Gottesmänner waren einander benachbart, kaum 100 Schritt von einander entfernt und die Gärten stießen fast zusammen; was Wunder, wenn ein fast täglicher und besonders abendlicher Verkehr zwischen beiden stattfand und Melanchthon auch Frau Käthens Hausfreund wurde. Die Verstimmung über Luthers Heirat mit der Nonne, von der wir oben (Seite 45) gehört, hat sich bald gelegt, als Melanchthon dieselbe näher kennen und schätzen lernte, und das Verhältnis zwischen beiden hat sich immer herzlicher gestaltet. Wie innig klingen die Worte, die er bei einer schweren Erkrankung Käthes im Januar 1540 (s. Seite 131) an einen Freund schrieb: „Ihr werdet für unsere Kirche beten, so bittet Gott auch, daß er den Herrn Doktor tröste und seine Gattin erhalte!", und umgekehrt Luthers Zuspruch an den oft klein- und schwachmütigen Freund: „Auch meine Käthe heißt dich tapfer und fröhlich sein". Und wie echt freundschaftlich mutet uns das Schreiben an, das Melanchthon vom Augsburger Reichstag aus mit Jonas und Agricola an Frau Käthe richtete, deren Gatte damals fern und einsam auf der Coburg weilte:

„Der ehrbaren und tugendsamen Frau Katharina Lutherin, Doktorin, meiner besonders günstigen Freundin. Gottes Gnade und alles Gute! Ehrbare, tugendsame Frau Doktorin! Ich füge Euch zu wissen, daß wir nun, Gott gebe Gnad, bis gen Augsburg kommen sind und haben den Herrn Doktor zu Coburg gelassen, wie er ohne Zweifel Euch geschrieben hat. Ich hoff aber, in kurz bei ihm zu sein. Bitt Euch, Ihr wollet mir schreiben, wie es Euch geht. Womit ich Euch dienen kann, will ich mit allem Fleiß, wie ich mich schuldig erkenne, solches tun und ausrichten. Beide Kanzler grüßen Euch und wünschen Euch alles Gute. Gott bewahre Euch! Philippus. — Liebe Gevatterin! Auch ich wünsche Euch, Hänschen Luther und Magdalenchen und Muhme Lene viel Seligkeit.

Küsset mir in meinem Namen meinen liebsten Jungen. D. Jonas. —
Ich, Johann Agricola Eisleben meine es auch gut, meine liebe Frau
Doktorin."

Um so auffallender ist es bei diesem schönen Freundschaftsverhältnis, das sich auch auf die beiderseitigen Kinder ausdehnte, daß
Melanchthons Frau, die Wittenberger Bürgermeisterstochter,
Katharina Krapp, in dasselbe nicht einbezogen war. In den überaus zahlreichen Briefen, die wir von Luther haben (über 3000)
wird sie nie mit einer Silbe erwähnt. Den abendlichen Besuchen
ihres Gatten im Lutherhause blieb sie fern. Die Ursache dieses
offenbar gespannten Verhältnisses war zweifellos weibliche Eifersucht auf Herrn und Frau Doktor Luther. Nach ihrer eigenen
Schätzung war ihr Gatte Luthern mindestens ebenbürtig; an der
Universität spielte er aber eine geringere Rolle, schon weil er nur
Magister, Luther dagegen Doktor war. Diese Rangunterschiede
übertrugen sich auch auf die Frauen: die Doktorsfrauen genossen
das Vorrecht der Samt=, Seiden= und Pelzverbrämung am Kleide
und der goldgestickten Haube; das durfte sich die Frau Magister nicht
gestatten, obwohl sie sich als reiche Bürgermeisterstochter dem armen
Edelfräulein zum mindesten ebenbürtig dünkte. Letztere aber wird
in dem ihr angeborenen Adelsstolz nichts getan haben, um ihre
Vorrechte oder die überragende Stellung ihres Mannes zurück-
treten zu lassen. Zwar ist die Nachrede des fanatischen Katholiken
Cochläus weit übertrieben, Luthers Gattin habe sich als die aller-
vornehmste unter den Professorenfrauen, übermütig und stolz wie
eine Gräfin gebärdet; aber daß sie ihres Wertes sich bewußt war,
das wissen wir von früher (Seite 37). Andererseits wissen wir
aus dem Zeugnis Kaspar Kreuzigers (s. Seite 116), daß, als es sich
in einer Zeit theologischer Differenzen um eine mündliche Aus-
einandersetzung zwischen Luther und Melanchthon gehandelt hätte,
Frau Doktor Luther dieselbe herbeizuführen, Frau Magister Melanchthon sie zu vereiteln nach Kräften bemüht war.

Ganz anders war das Verhältnis zur Familie des Schloßpropstes Justus Jonas. Aus Verehrung für Luther hat er die Rechtsgelehrsamkeit mit der Theologie vertauscht und stand während der zwei Jahrzehnte seines Wittenberger Aufenthalts Luthers Herzen sehr nahe. Obwohl kränklich und leicht erregbar, war er doch im Grunde eine frohsinnige Natur; manchmal ließ die kluge Frau Käthe, wenn sie um die schwermütige Stimmung ihres Doktors bekümmert war, heimlich Jonas zu Tische bitten, und er brachte es fertig, die Schwermut durch heitere Gespräche zu bannen. So war sein Verhältnis zu Frau Käthe ein freundschaftlich-herzliches, wie uns schon die Seite 112 mitgeteilte Briefstelle von Augsburg zeigt; beide Familien waren gegenseitig Paten bei den Kindern, deren auch in Jonas Hause ein stattliches Häuflein heranblühte. Und ganz besonders freundschaftlich standen die beiden Doktorinnen miteinander. Auch Frau D. Jonas war ein Edelfräulein gewesen, Katharina von Falk; sie hatte sich als würdige Pröpstin den unbefangenen Frohsinn ihrer Jugend bewahrt und liebte gern einen fröhlichen Tanz. Beide Frauen waren ein Herz und eine Seele, und auch zwischen den Kindern bestand gute Freundschaft; Käthe Luthers energische Natur fand in der Sanftmut von Käthe Jonas eine glückliche Ergänzung. Groß war daher Frau Käthes Kummer, als Jonas 1541 nach Halle versetzt wurde; schon im Sommer 1542 war Käthe Jonas wieder im Lutherhause zu Gast. Aber noch ungleich größer war Frau Luthers Schmerz, als um Weihnachten desselben Jahres plötzlich die Nachricht eintraf, daß Frau Jonas, „mit gar frommen und heiligen Worten ihren Glauben bezeugend", eines schnellen Todes verblichen sei. Im frischen Leid über ihres Lenchen Tod war Käthe über diese Trauerkunde fast untröstlich; auch Luther trauerte von Herzen über den Heimgang der von ihm wegen ihres Frohsinns und ihrer Treue hochgeschätzten Frau, von der er gehofft hatte, sie würde nach seinem Tode den Seinigen zur Seite stehen. Desto weniger konnte es Frau Käthe Jonas verzeihen, daß er schon wenige Monate nachher seinen verwaisten Kindern eine zweite Mutter gab. Luther schickte zwar ein Hochzeits= geschenk nach Halle, aber Frau Käthe konnte ihre Enttäuschung nicht verwinden und sandte nicht einmal einen Gruß, worüber Jonas klagte: „Die hochgeschätzte Frau begegnet mir hart".

Der dritte im Bunde der intimen Hausfreunde war der Witten= berger Stadtpfarrer Johannes Bugenhagen, „Doktor Pom= mer", ein Niedersachse von der ganzen kernfesten Tatkraft und treuen Zähigkeit dieses Stammes, den Luther um seiner hervor= ragenden Eigenschaften willen überaus hoch schätzte und der zeit= lebens sein Beichtvater war, den er aber andererseits während seiner vielen und ausgedehnten Visitationsreisen und sonstigen Abwesenheiten zur Einrichtung von Landeskirchen ständig im Pfarr= amt vertrat. Wie manches Trostwort mag er als Beichtiger dem oft so niedergeschlagenen Luther und ebenso Frau Käthe zugesprochen haben! Auch mit seiner Frau Walburga verband die Lutherleute ein herzliches Freundschaftsband. Wie Käthe, so hielt auch sie in der schlimmen Pestzeit 1527 an ihres Gatten Seite treulich aus; auf Luthers Bitte zog sogar das Paar mit seinen beiden Kindern ganz ins Schwarze Kloster, wo Frau Walburga einem dritten Kinde das Leben gab. Auch 1542, als D. Pommer in Dänemark war, treffen wir seine Frau dort wieder zu Gaste.

Zu den vertrautesten Freunden Luthers gehörte in den ersten Jahren der Reformation der Hofprediger Georg Spalatin, dessen kluger, diplomatischer Vermittlung der „grobe Waldrechter" vieles verdankte. Frau Käthe hat ihn in Wittenberg nicht mehr erlebt; gerade im Jahr ihrer Verheiratung war er als Super= intendent nach Altenburg versetzt worden. Aber die Freundschaft ihres Mannes übertrug sich auch auf sie, und auch Frau Spalatin, die ebenfalls Katharina hieß, war gut mit unserer Käthe befreundet. Briefe flogen herüber und hinüber, häusliche und Gartenbedürf= nisse wurden ausgetauscht. Frau Käthe schickte dem Spalatin eine heilkräftige Wurzel, die gegen sein Steinleiden helfen sollte. Als sie 1537 ihrem von Schmalkalden schwer krank heimkehrenden Gatten entgegengefahren, war sie einige Tage bei Spalatins zu Gast und Luther schreibt nachher in ihrem Namen:

„Mein Herr Käthe grüßt Euch ehrerbietig; es tut ihr leid, daß sie so gar kein Geschenk für Eure Töchter besorgt hat; aber sie hat Bücher zum Binden gegeben, die sie als Andenken zu senden beschlossen hat. Sie preist mit lauter Stimme Eure freundschaftlichen Wohltaten und Eure wohlwollende Güte."

Eine Zeitlang gehörte auch Johann Agricola aus Eisleben zu dem vertrauten Wittenberger Kreis. Seine Frau Else muß eine tüchtige Gärtnerin gleich Frau Käthe gewesen sein, die der Freundin Elsbeeren, eine mispelartige Frucht, für ihr Leben gerne aß. Die Freundschaft blieb ungetrübt, als Agricola 1525 von Wittenberg nach Eisleben versetzt wurde; als Frau Else von einer schweren Krankheit mühsam genas, fand sie im Schwarzen Kloster einen Erholungsaufenthalt. Als 1536 Agricola wieder an die Wittenberger Hochschule kam und nicht sofort eine Wohnung fand, öffnete das gastliche Schwarze Kloster seine Pforten der elfköpfigen Familie für die erste Zeit. Aber bald schlugen theologische Differenzen und Agricolas nicht ganz einwandfreier Charakter der Freundschaft eine unheilbare Wunde. Die Frauen suchten zu vermitteln, und Luther wäre zur Aussöhnung bereit gewesen, wenn Agricola seine Irrtümer widerrufen hätte: „Wenn Agricola mit seiner kleinen Frau käme und spräche: Herr Doktor, ich hab' genarret, vergebt mir's!, so wäre die Sache richtig". Aber Agricola widerrief nicht und der Bruch wurde unheilbar. Als er, 1540 zum Hofprediger und Generalsuperintendenten in Berlin aufgerückt, 1545 wieder nach Wittenberg kam, wies Luther seinen Besuch ab; Frau Else und ihre Tochter Magdalene wurden angenommen, jedoch die alte Freundschaft war unwiederbringlich dahin.

Aber nicht bloß mit zünftigen Theologen hatte das Lutherhaus gute Freundschaft, auch Vertreter anderer Berufe standen den Gatten nahe. Von Lukas C r a n a ch , dem Ratsherrn und Maler, haben wir schon Seite 32 gehört, daß Katharina von Bora in seinem Hause gern gesehen war. Er hat mit seiner Frau Barbara Käthen an ihrem Hochzeitstage das Geleit ins Schwarze Kloster gegeben. Beim ersten Sohn wurde er zum Paten gewonnen. So manches Bild der Lutherleute ist aus seiner Werkstatt hervorgegangen, während seine Söhne Hans und Lukas mit kundiger Hand den Buchschmuck zu Luthers Schriften geschaffen haben. Der Verkehr beider Häuser war und blieb ein reger in Freud und Leid.

Ambrosius R e u t e r , ein Jurist, der zugleich einen Buchhandel hatte, 1534 Ratsherr, 1547 Bürgermeister, 1548 Universitätsnotar wurde, war in zweiter Ehe mit einer Verwandten Luthers verheiratet und von diesem wie von Frau Käthe hochgeschätzt; sie hat sich ihn nach Luthers Tod vom Kurfürsten als dritten Vormund ihrer Kinder erbeten.

In den mancherlei Krankheitsstürmen des Lutherhauses, von denen uns der übernächste Abschnitt noch näher erzählen wird, bewährte sich als Hausfreund und Hausarzt Dr. Augustin S ch u r f , der Bruder des Juristen Hieronymus Schurf, der die Gabe guter Diagnostik und vernünftiger Heilmittel besaß, aber auch das Wertvollste am Arzt, ein mitfühlendes menschliches Herz. Auch ihn und seine Frau Hanna finden wir in der schweren Pestzeit des Jahres 1527 in dem großen Spital des Schwarzen Klosters und Frau Käthe hat Frau Dr. Schurf mit Hingebung gesund gepflegt, was ein lebenslanges Band zwischen beiden Familien knüpfte.

Neben dieser älteren Generation von Hausfreunden wuchs allmählich eine jüngere heran. Professor Kaspar K r e u z i g e r oder Cruciger, war in ihr der vertrauteste Mitarbeiter Luthers, der ihn als gewandten Schriftführer bei Verhandlungen und als sprachkundigen Berater bei der Bibelübersetzung hochschätzte. Seine

Gattin, Elisabeth von Meseritz, war wie Käthe eine aus dem Kloster
entflohene Nonne. Luther, der sie selbst getraut, duzte „seine liebe
Else" und er und seine Frau standen aufs herzlichste mit dem
Kreuzigerhause, das im Unterschied von andern Pfarrhäusern ein
recht begütertes war, so daß Frau Else einmal von der Leipziger
Messe der Frau Doktorin zu ihrer Verlegenheit ein goldenes Zierat
als Gruß mitbrachte. Auch die zweite Ehe Kreuzigers mit Apol-
lonia Günterode hat Luther getraut. Unter Luthers Testament von
1542 steht er als Zeuge, und nach Luthers Tode wurde er neben
Melanchthon und Reuter einer der Vormünder seiner Kinder.

Der Diakonus Georg R ö r e r gehörte wie er zu dem „Hohen
Rat" der Bibelübersetzung als Sekretär, dessen Gabe schneller Nach-
schrift uns manche Predigt Luthers aufbewahrt hat und dessen
Pünktlichkeit als Korrektor für Hans Luffts Buchdruckerei sowie als
Mitherausgeber von Luthers Werken wir vieles zu danken haben.
Wie hoch ihn Luther schätzte, haben wir schon oben (Seite 108) gehört; er billigte ihm im Scherz eine Stelle unter den dreien zu,
vor denen er sich zu beugen habe. Gerade die beiden Letztgenannten
waren nach so manchem heißen Arbeitstag der Bibelübersetzung
abends noch Gäste an Luthers Tisch, wo die wissenschaftliche Arbeit
im Beisein der Hausfrau in freierer, auch ihr verständlicher Weise
fortgesetzt wurde.

Endlich sei noch eines auswärtigen Hausfreundes gedacht, den
Luther wegen seines lauteren Charakters besonders hoch schätzte:
Nikolaus H a u s m a n n in Zwickau, später in Dessau, ein Jung-
geselle, der stets sein Stübchen (stubella) im Schwarzen Kloster
hatte. Eine kurze Zeit wirkte er in Wittenberg selber, wußte aber
als unerfahrener Zölibatär mit den Kindern des Lutherhauses
wenig anzufangen, was ihm einen scherzhaften Tadel Melanchthons
zuzog. Frau Käthe benützte ihn manchmal zu Besorgungen, obwohl er ziemlich unpraktisch war; als er einmal erkrankte, erfahren
wir von Luther, daß „sein Herr Käthe in gar stattlichem stetem

Gedenken sich um den Freund kümmere". Als er bei seiner Antritts-
predigt in Freiberg 1538 vom Schlage gerührt plötzlich gestorben
war, wagte Frau Käthe kaum, ihrem Gatten diese Nachricht mit-
zuteilen; als sie es doch tat und nach ihrer Gewohnheit einige
Freunde berief, um ihn zu trösten, brach Luther in Tränen aus und
bezeugte: „Das ist mir ein gar lieber Freund gewest".

Daß Frau Käthe so viele liebe Freunde im Schwarzen Kloster
ein- und ausgehen sah, ist nicht bloß eines von ihren Verdiensten
um ihren Gatten, dem sie damit nicht nur wissenschaftliche, sondern
vor allem gemütliche Anregung verschaffte, sondern es ist ein un-
mittelbares Lob für sie selbst: diese erlauchte Schar von Freunden,
der noch mancher andere beigezählt werden könnte, beweist, welcher
Hochschätzung sie selbst sich erfreute und wie sie es verstand, das
Schwarze Kloster zur Stätte edelster Geselligkeit und wahrhaft
christlichen Frohsinns zu gestalten.

Dreizehnter Abschnitt

Gutsherrschaft

Wir nehmen den Faden vom siebenten Abschnitt wieder auf, wo
davon die Rede war, daß Frau Käthe allezeit „mehrt' den Gewinn
mit ordnendem Sinn" und daß sie in Wittenberg ein Garten-
grundstück um das andere zu erwerben verstand. Aber ihre
wirtschaftliche Ader und das Blut des Landedelfräuleins war damit
nicht zufrieden. Wenn eine Familie jahrhundertelang auf eigenem
Grund und Boden gesessen ist wie die Voras, so wird ihr Blut auch
in den weiblichen Familiengliedern Agrarierblut. So trachtete auch
Frau Käthe, wie sich der Wohlstand ihres Hauses unter ihren
nimmermüden Händen sichtlich hob und zugleich die Bedürfnisse
des zeitweise riesigen Haushalts sich immer mehr steigerten, nach der
Stellung der Gutsbesitzerin; und die Umstände erwiesen sich zur

rechten Zeit dieſer Abſicht günſtig. Handelte es ſich doch für die klug rechnende Frau nicht bloß um eine Gelegenheit, ihre Viehzucht beſſer und einträglicher zu betreiben, ſondern weſentlich auch um den Gedanken, ihre und ihrer Kinder Zukunft bei den ſteten und düſteren Todesahnungen ihres Gatten ſicherzuſtellen, und damals ſchon wie heute galt Landbeſitz als die ſicherſte Kapitalanlage.

Zunächſt kam bloß eine Pachtung in Frage. Etwa zwei Stunden ſüdöſtlich von Wittenberg lag das kurfürſtliche Gut B o o s oder die „Böſe“, ein Vorwerk von etwa 40 Hektar mit gutem Ertrag. Schon 1536 hatte Käthe ihr Auge auf dieſes Gut geworfen und Luther ſelbſt hatte mit dem Kanzler Brück wegen der Pachtſumme verhandelt, war aber bei dieſem, der immer ein ſtiller Gegner Frau Käthes und ihrer Landerwerbungen war, auf Hinderniſſe geſtoßen. Im Frühjahr 1539 wurde die Pachtung des Gutes wieder frei, und nun ging die tatkräftige Frau energiſch ſelbſt auf ihr Ziel los. Und zwar wandte ſie ſich klugerweiſe nicht an den Kanzler, ſondern an den Landrentmeiſter Hans von Taubenheim, ihren Gevattermann. Der Brief, den ſie am 28. April 1539 an dieſen ſchrieb, einer der wenigen, die wir von ihrer Hand haben, ſoll hier, zugleich als Probe ihrer wortreichen Schreibweiſe und merkwürdigen Rechtſchreibung, wortgetreu abgedruckt ſein:

„Gnad vnd Fride yn Chriſto zuuor, geſtrenger, ernueſter liber herr geuatter, Euch iſt wol wiſſentlich, wie Euer Gnaden vngeferlich für dreyen jaren gebeten, daß myr das gut Booß myt ſeynen zugehorungen vmb eynen gewonlichen zynß zu meyner teglichen hawßhaltung wie eyner andern mochte gelaſſen werden, als denn auch meyn liber herr bei doktor Brug dieſelbige zeyt deshalben hat angeregt; iſt aber daſſelbig mal vorblieben, daß ichs mecht bekommen, vylleicht das doſelbſt nicht loß iſt geweſen von ſeynem herrn, der es vmb den zynß hat ynnen ge= habt. Ich bin aber vnterricht, wie der kruger von Brato, welcher es dyße zeyt ynnengehabt, ſoll iczund ſolch gut loßgeſchrieben haben; wo ſolchs alſo were, iſt meyne freuntliche bytte an Euch als meynen liben geuattern, wollt myr zw ſolchem gut fodderlich ſeyn. Vmb denſelbigen zynß, ſo

ein ander gybt, wyll ichs von herczen gerne annehmen vnd die zynße
beglich an zwen orth vberychen. Bitte gancz freuntlich, Euer gnaden
wolde myr Ewer gemueth wyder ſchreyben vnd das beſte rathen yn
dyßem fall vnd anczeygen, wo ich etwas hyrin vnbyllichs begert, vnd
wolbet denen nicht ſtab geben myt yrem argkvone, alß ſolde ich ſolchs gut
fur mich obber meyne Kinder erblich begeren, welche gedancken yn meyn
hercz nie kommen ſeynd. Hoffe zu gott, er werde meynen Kindern ßo
ſie leben vnd ſich fremlich vnd ehrlich halten wurden wol erbe beſchern;
bytte alleine daß das myrs ein jar obber zwey vmb eynen zimlichen
geburlichen zynß mochte gelaſſen werden, damit ich meyne hawßhaltung
vnd vyhe deſte bekemer erhalten mochte, weyl man alles alhier vfs tewerſt
kewfen muß vnd myr ſolcher ort der nahe gelegen ßehr nuczlich ſeyn
mochte. Ich habe meynen liben herrn iczt yn dyßer ſachen nicht wollen
beſchweren an Euch zu ſchreyben, der ſunſt viel zv ſchaffen; iſt auch on
noth daß Euer gnaden ſolchs meyn antragen ferrer an ymandes obber
an meynen gnädigſten Herrn wolde gelangen laſſen, ßunder ßo Jr ſolche
meyne bytte fur byllich erkennet, daß Jrs myt dem ſchoßer zw Seyda
beſtellen wolt daß myr ſolch gut vmb eynen geburlichen zynß wie eynem
andern mochte eyngethan werden. Domit ſeyet gott bepholen. Gegeben zv
Wyttembergk Montag nach Jubilate ym 1539 jhare. Catherina Lutherynn.“

Und Katharina hat ſich in ihrem Gevatter nicht getäuſcht; was
der Kanzler in ſeiner Mißgunſt drei Jahre zuvor nicht erreicht hatte
oder wohl nicht hatte erreichen wollen, das ging nun anſtandslos;
ſie erhielt die Pachtung um einen „byllichen“, oder wie Brück ſich
nach Luthers Tod unmutig ausdrückte, „um einen liederlichen Zins“.
Und nun konnte die umtriebige Frau mit rühriger Hand an die Be=
wirtſchaftung des Landguts gehen, von der wir allerdings kaum
etwas wiſſen, da es bald durch einen anderen wichtigeren Erwerb
in Schatten geſtellt wurde.

Das war das Gut Zulsdorf, das in der Lebensgeſchichte
Katharinas in den vierziger Jahren eine ſo große Rolle ſpielt. Hans
von Bora, ihr Bruder, hatte dieſes Gut, den letzten Reſt des Bora=
ſchen Vermögens, ſieben Jahre lang im Schweiß ſeines Angeſichts

bewirtschaftet, aber trotzdem er die Mitgift seiner Frau eingebrockt, hatte er „die wüste Mark" nicht emporgebracht und er sah sich 1540 genötigt, sie zu verkaufen. Wir können es Frau Käthe nachfühlen, daß treuer Familiensinn und begreiflicher Adelsstolz in ihr es nicht leiden mochten, daß das angestammte Gut ihres Vaterhauses in fremde Hände kommen sollte. Mächtig regte sich in ihr das Heim= weh nach dem Gütchen, von dem aus man den Giebel des ver= lorenen Gutshofes Lippendorf sehen konnte, und so setzte sie alle Hebel in Bewegung, um einerseits ihrem bedrängten Bruder zu helfen und andererseits das Gut in ihren eigenen Besitz zu bringen. Ein Kaufpreis von 610 Gulden, dessen der Bruder in Bargeld be= durfte, war nun freilich aus den eigenen Mitteln des Lutherhauses nicht zu erschwingen. Aber wozu war der reiche Kurfürst da, an dessen Güte man schon so oft sich nicht vergeblich gewandt hatte? Und in der Tat versagte er auch diesmal nicht, sondern schenkte 600 Gulden zum Kaufe, versprach auch das nötige Bauholz zur Ausbesserung der baufälligen Gebäude.

Um Pfingsten 1540 wurde mit dem persönlich in Wittenberg an= wesenden Hans von Bora der Kauf abgeschlossen. Frau Käthe, eben von schwerer Krankheit und vom Rand des Grabes genesen (s. Seite 131), war überglücklich in ihrer neuen Würde als Guts= besitzerin, und Luther selbst teilte ihr Glücksgefühl: „Gott gibt alle= mal mehr als wir bitten. Wenn wir recht um ein Stück Brot bitten, so gibt er einen ganzen Acker. Ich bat, Gott sollt' mir meine Käthe leben lassen, so gibt er mir gut Jahr dazu".

Und nun ging es an ein fröhliches Schaffen und Wirken, um das Gut mit seinem „Erbbächlein" und den paar heruntergekommenen Wirtschaftgebäuden wieder in einen erträglichen Stand zu bringen, und Frau Käthe verstand es, beinahe Gott und Welt ihren Bau= plänen dienstbar zu machen. Das Bauholz, vom Kurfürsten ange= wiesen, sollte in den Waldungen in der Nähe von Altenburg ge= schlagen werden; Spalatin bekam deswegen manchen Brief. Aber

als das Holz glücklich geschlagen war und die von Spalatin bestellten
Holzfahrer auf den von Herrn von Einsiedel erbetenen Fuhrwerken
es holen sollten, da war es nicht mehr vorhanden, denn der Amtmann
oder Schösser hatte es anderweitig verkauft, so daß Eingabe um Eingabe gemacht werden mußte, um das Ziel endlich zu erreichen, was
auf nachdrückliche Drohungen Luthers erst 1542 geschah. Auch
Luthers eigene Feder mußte sich rühren; den Herrn Ehrenfried
von Ende bat er, „aus nachbarlicher Freundschaft 12 Scheffel
Korn und 24 Scheffel Hafer zu leihen, die seine Frau nach der
Dresche wieder erstatten werde".

Das Glück der Gutsbesitzerin und ihr reges, nimmermüdes Schaffen um die Verbesserung des Besitzes spiegelt sich auch in Luthers
Briefen an sie, besonders in den humorvollen Briefaufschriften wie:

„Der reichen Frauen zu Zulsdorf, Frauen Doktorin Katherin Lutherin,
zu Wittenberg leiblich wohnhaftig und zu Zulsdorf geistlich wandelnd,
meinem Liebchen zuhanden"; oder: „Gnad und Friede, liebe Jungfrau
Käthe, gnädige Fraue von Zulsdorf und wie Eure Gnaden mehr heißt";
oder: „Meiner herzlieben Hausfrauen Katherin Lutherin, Doktorin,
Zulsdorferin, Säumärkterin, oder was sie mehr sein kann."

Aber er kann sich auch der Sorgen über den fressenden Besitz
nicht erwehren, der einen namhaften Aufwand erforderte: „Nun ver-
schwendet sie, was wir erworben haben". Im November 1540
konnte die gnädige Frau von Zulsdorf in ihr neues Königreich,
nachdem es nicht bloß hergestellt, sondern auch in bescheidenem Maße
ausgeschmückt war, einziehen. Zu diesem Schmuck gehörten insbesondere zwei steinerne Medaillonbilder von Luther und Käthe,
die nach dem späteren Verfall des Herrenhauses in der Kirche von
Kieritzsch angebracht wurden. Das von Käthe zeigt ein gesundes,
rundes Gesicht mit starkem Doppelkinn, einer über dem Kopf ge-
bundenen Haube und der Umschrift: „Catarina Lutherin gebohrne
von Borau 1540". Luther selbst war nicht oft auf dem Gute; wir
wissen bloß von einem Aufenthalt dort im August 1544. Aber wie

manchesmal weilte die gnädige Frau draußen, oft wochenlang, um
nach dem Rechten zu sehen und ihre Rechte zu vertreten. Denn
auch das war nötig. Bald zankten die Bauern um eine Weide=
gerechtigkeit, bald pochte die Rittergutsherrschaft von Kieritzsch auf
Fronleistungen, die angeblich auf dem Gute Zulsdorf lasteten;
Luther hätte sie um des Friedens willen durch einen Vergleich ab=
gelöst, aber seine resolute Frau wandte sich wieder an den Kur=
fürsten, der auch wirklich ein Urteil des Inhalts fällte, daß Zulsdorf
von der Fronlast frei sei. Als aber Luther die Augen geschlossen
hatte, begann der Prozeß aufs neue. So machte späterhin das Gut
der Frau Doktor wenig Freude mehr, zumal da der Kanzler Brück
in seiner Mißgunst ungeheure Summen herausrechnete, die sie in
das Gut hineinverwirtschaftet habe. Tatsächlich hat sie durch das
hineingesteckte Geld den Wert des Gutes erheblich gesteigert; denn
nach ihrem Tode wurde es trotz aller Schäden, die der Schmal=
kaldische Krieg der Gegend gebracht hatte, von dem Wittenberger
Bürgermeister Christoph Keller den Luthererben um 956 Gulden
abgekauft. Wie schon oben berichtet, ist das Herrenhaus im 18. Jahr=
hundert völlig verfallen, so daß nur noch ein paar Mauern zu sehen
waren; anfangs des 19. Jahrhunderts wurde das letzte Häuschen
abgebrochen.

„Doktorin, Zulsdorferin, Säumärkterin und was sie mehr sein
kann", so nannte Luther wenige Wochen vor seinem Ende seine
Gattin. Was konnte, was wollte sie noch mehr sein? Ritterguts=
besitzerin von Wachsdorf. Dieses Gut, nördlich neben der Boos ge=
legen, gehörte dem Wittenberger Rechtsprofessor Dr. Sebald Mün=
ster, den Luther als „rechtschaffenen Juristen" hochschätzte. Er und
seine Frau starben 1539 an der Pest, und Frau Käthe, die allezeit
gastfreie, nahm trotz aller Seuchengefahr die vier verwaisten Kinder
in ihr Haus auf. Als einige Jahre darauf das Gut in der Erbteilung
zum Verkaufe stand, war es Frau Käthes dringender Wunsch, es zu
erwerben, und Luther unterstützte sie dabei so nachdrücklich, daß

manche Freunde meinten, ihm liege mehr daran als seiner Frau.
Es gefiel ihm ja in seinen letzten Jahren gar nicht mehr in Witten=
berg und er wollte wohl seiner Frau einen Wittwensitz schaffen, der
sie von Wittenberg unabhängig mache. Des Kanzlers Brück Miß=
gunst wußte den Kauf vorerst zu verhindern; Luther starb darüber
hinweg. Jedoch nach seinem Tode betrieb Frau Käthe die Ange=
legenheit weiter und verdankte es dem direkten Eingreifen des
Kurfürsten, daß der Kauf vollzogen werden durfte. Freilich brachte
es der bald ausbrechende Krieg und dann ihr eigenes Ende mit sich,
daß sie von diesem Erwerb nicht mehr viel hatte.

Aber ein Stolz war es doch für die Frau Doktor, daß sie gleichsam
aus dem Nichts heraus so viel erwirtschaftet hatte, daß sie im Wit=
wenstand als Besitzerin zweier Güter dastand. Luther selbst be=
zeichnet es in seinem Testament von 1542 als einen sonderlichen,
wunderlichen Segen, daß er es bei seinem Einkommen habe er=
schwingen können, so viel zu bauen und zu kaufen und eine so große
und schwere Haushaltung zu führen. Wir dürfen ruhig sagen: er
hat das alles nicht getan, aber sein Herr Käthe hat es getan, und
auch das soll ihr zu hohem Lobe gereichen.

Vierzehnter Abschnitt

Hauskreuz

„Des Lebens ungemischte Freude ward keinem Irdischen zuteil":
auch Frau Käthe hat das erfahren und über ihrem Hause stand
gleichsam als Wahlspruch: „Freude wechselt hier mit Leid". Aber
gerade im Leid und in der Trübsal hat sich das Band, das beide
Gatten verband, als unlöslich festes Band erwiesen; besser und
enger als Tage der Freude schmiedet Hauskreuz zusammen.

War für Frau Käthe ihr Gatte die Sonne, um die ihr Leben
21 Jahre lang kreiste, so beginnen wir den Abschnitt billig mit dem

Hauskreuz, das er ihr bereitete durch sein mit den Jahren öfter und heftiger wiederkehrendes Kranksein.

Zweifellos war es eine Nachwirkung seiner übertriebenen klöster= lichen Kasteiungen, daß sich bei Luther frühzeitig die Spuren eines beginnenden Blasensteinleidens zeigten. Die Anfänge desselben suchten ihn zweifellos schon auf der Reise nach Worms, April 1521, heim, von der er an Spalatin schreibt, er sei von Eisenach an krank gewesen und sei es noch, wie er es vorher nie gekannt. Während des Wartburgaufenthalts hatte er unter mancherlei Unterleibs= störungen und damit zusammenhängenden gemütlichen Gedrückt= heiten und Anfechtungen zu leiden. Ein schwerer Ohnmachtsanfall 1524 ließ auf Mangelhaftigkeit des Blutumlaufs schließen. Das waren lauter Dinge, die dem ohnedies grüblerisch veranlagten Manne den Gedanken an ein frühes Ende nahelegten, wie wir ihn schon am 4. Mai 1525 haben aussprechen hören (s. Seite 40), wo er „dem Teufel zum Trotz seine Käthe noch zur Ehe nehmen wollte, ehe denn er sterbe".

Und als er sie nun zur Ehe genommen hatte, da hatte sich seine Frau nicht lange eines gesunden Mannes zu erfreuen. Es will uns schier unglaublich dünken, was Luther alles geleistet hat und wie frohgemut er im allgemeinen gewesen ist, wenn wir doch wissen, wie viel Last ihm sein Körper zu tragen gab mit Verdauungs= störungen und Herzbeklemmungen, Blutandrang und Schwindel, Kopfweh und Ohrensausen, und wie der kranken Tage bei ihm fast mehr waren als der gesunden. Von diesen stets wiederkehrenden Störungen soll gar nicht die Rede sein, weil ihrer zuviele waren. Sie haben aber Frau Käthe einerseits in die stete, stille Angst um ihres Mannes teures Leben hineingetrieben, aus der sie besonders wenn er auf Reisen war, gar nie herauskam; andererseits haben sie seine Frau, die nicht umsonst des Klosters Nimbschen alte Siechen= meisterin über ein Jahrzehnt im Hause hatte, gelehrt, auf allerlei Hausmittel zu sinnen, die zur Linderung der Übel beitragen

konnten. Wir haben hiefür ein ehrendes Zeugnis von der Hand des
Straßburger Reformators Wolfgang Capito, der 1536, nachdem
er Luthers Gastfreundschaft im Schwarzen Kloster genossen, Frau
Käthe, „der besten Frau, die verdientermaßen wertgehalten wird,
weil sie mit Sanftmut und Fleiß für unseren Lehrer sorgt", einen
goldenen Ring sandte und Luther selber schrieb: „Ich liebe sie von
Herzen, ist sie doch dazu geschaffen, deine Gesundheit aufrecht zu
erhalten, so daß du um so länger der Kirche zu dienen vermagst".

Aber wirkliche und eigentliche Todesangst hat Frau Käthe dreimal
um ihren Mann ausgestanden, und das drittemal hat sie damit Recht
behalten. Das erstemal war im Juli 1527, also zwei Jahre nach der
Verheiratung. Schon im ersten Ehejahr hatten sich Spuren des
Steinleidens gezeigt, waren aber ohne ernstere Gefahr vorüber-
gegangen. Im Januar 1527 war wieder ein Anfall mit heftigen
Herzbeschwerden gekommen, ließ sich aber noch beschwichtigen;
schon diesmal wird uns von einem Kardobenediktentrank erzählt,
den Käthe braute und der nach ihrer festen Überzeugung, die zwar
die Ärzte nicht teilten, Hilfe brachte. Aber am 6. Juli 1527 war das
Leben Luthers in ernstester Gefahr. Er hatte sich tagsüber schon
nicht wohl gefühlt, da es aber besser geworden war, Jonas und
seine Frau zum Abendessen eingeladen. In dessen Anwesenheit —
Frau Käthe war noch in der Küche beschäftigt — wurde er von einer
Ohnmacht überfallen, von der, durch Jonas Eingreifen wieder erwacht, er sich so schwach fühlte, daß er sein Sterbestündlein gekommen fühlte. Welch angstvolle Stunden waren das für Käthe,
die mit ihrem einjährigen Söhnlein allein auf der Welt dagestanden
wäre und ein zweites Kind unter dem Herzen trug! Aber wie hoch
sie ihm im Mittelpunkte seines Denkens stand, das zeigen die Worte:

„Meine liebe Käthe, ich bitte dich, will mich unser lieber Gott diesmal zu sich nehmen, daß du dich in seinen gnädigen Willen ergebest. Du
bist mein ehelich Weib, dafür sollst du dich gewiß halten und gar keinen
Zweifel daran haben. Laß die blinde, gottlose Welt dawider sagen, was

sie will. Richte du dich nach Gottes Wort und halte fest daran, so hast du
einen gewissen, beständigen Trost wider den Teufel und all seine Läster=
mäuler."

Als der Kranke fragte: „Wo ist denn mein allerliebstes Häns=
chen?" und das herzugebrachte Kind ihn anlachte, sagte er: „O du
gutes, armes Kindlein! Nun, ich befehle meine allerliebste Käthe
und dich armes Waislein meinem lieben, frommen, treuen Gott.
Ihr habt nichts; Gott aber, der ein Vater der Waisen und Richter
der Witwen ist, wird euch wohl ernähren und versorgen". Was für
ein Schwert mag in diesen ernsten Augenblicken, wo es sich um den
Abschied für immer handelte, durch Frau Käthes Seele gegangen
sein! Aber welch starkes, treues Herz sie hatte, und wie sie die
eigene Sorge niederzuringen wußte, um dem Gatten das Herz
nicht noch schwerer zu machen, das beweist ihre Antwort:

„Mein liebster Herr Doktor, ist's Gottes Wille, so will ich euch bei
unserem lieben Herrn Gott lieber denn bei mir wissen. Aber es ist nicht
allein um mich und mein liebes Kind zu tun, sondern um viel frommer,
christlicher Leute, die euer noch bedürfen. Wolltet euch, mein aller=
liebster Herr, meinethalben nicht bekümmern. Ich befehle euch seinem
göttlichen Willen. Ich hoff und traue zu Gott, er werde euch gnädiglich
erhalten."

Und was Käthe hier in glaubensstarker Liebe gesprochen, das
durfte sie in gnädige Erfüllung gehen sehen; die angewandten
Mittel hatten Erfolg und riefen einen heftigen Schweiß hervor,
der die Macht des Anfalls bannte, und anderen Tags konnte Luther
schon wieder aufstehen. Das Leiden selbst war damit freilich nicht
behoben; es äußerte sich immer zeitweise wieder, und zwar nament=
lich in der quälenden gemütlichen Niedergeschlagenheit, die Luther
in seinem von Jugend auf eingesogenen massiven Teufelglauben
für direkte Anfechtungen des Satans hielt, in denen aber seine
Gattin mit ihrem starken Herzen ihr Redlichstes tat, um ihm beizu=
stehen und ihn wieder in die Höhe zu bringen.

Fast ein Jahrzehnt stand es an, bis der zweite lebensgefährliche
Anfall kam, und diesmal war der Kranke erst nicht einmal zu Hause
unter seiner Gattin treuer Pflege. Es war im Februar 1537 zu
Schmalkalden auf jener berühmten Fürstenversammlung wider das
Mantuaner Konzil, die sich ihren äußeren Ausdruck gab in den von
Luther verfaßten Schmalkaldischen Artikeln. Plötzlich und fast unvorbereitet trat hier am 18. Februar, unmittelbar nach einer kraft-
vollen Predigt über das rechte Christentum, das Leiden wieder auf
mit einer Heftigkeit wie nie zuvor. Qualvolle Wasserverhaltung
ließ den Leib unförmlich anschwellen und bereitete Schmerzen, die
alles Maß überstiegen. Die von Frau Käthe mitgegebenen Hausmittel, die sonst Linderung verschafft, zeigten sich fruchtlos und ebenso das Bemühen aller der Leibärzte der Fürsten. Luther hatte mit
dem Leben abgeschlossen und seufzte nur noch: „Ach, lieber Vater,
nimm das lieb Seelichen in deine Hand!" Tröstlich war ihm die Teilnahme des Kurfürsten und dessen Versprechen: „Euer Weib soll
mein Weib, und eure Kinder sollen meine Kinder sein". Gerade der
Gedanke an sein Weib aber, wie auch der Wunsch, nicht „im Angesicht des Ungeheuers", des päpstlichen Legaten, zu sterben, ent-
fachten ein mächtiges Heimweh in dem scheinbar Todgeweihten,
und die Ärzte, die denken mochten, die Reise könne wenigstens
nichts mehr schaden, willigten ein. So qualvoll sie war — Luther
wünschte sich im Ernste einen Türken, der ihn schlachtete — so war
doch die Erschütterung des Fahrens zum Heil des Kranken: in der
Nacht wich plötzlich die Steinhemmung und er durfte seiner Gattin,
die zu Hause ahnungslos war, weil vier vorherige Briefe erst mit
diesem ankamen, schreiben:

„Ich bin tot gewest und hab dich mit den Kindlein Gott befohlen und
meinem gnädigsten Herrn, als würde ich euch in dieser Sterblichkeit nicht
mehr sehen; hat mich euer sehr erbarmet, aber ich hatte mich dem Grabe
beschieden. Darumb danke Gott und laß die lieben Kindlein und Muhme
Lene dem rechten Vater danken, denn ihr hättet diesen Vater gewißlich

verloren. Gott hat Wunder an mir getan diese Nacht und tut's noch durch frommer Leute Fürbitt."

Aber noch einmal kam in Gotha ein schwerer Rückfall, der Luther wieder an den Rand des Grabes brachte, so daß er den Pfarrer Myconius dort um ein Grab bat und durch Bugenhagen seinen letzten Willen aufzeichnen, seine letzten Grüße bestellen ließ. Dieselben galten in erster Linie seinem treuen Weibe:

„Grüßet auch meine Ketham, daß sie wolle mit Geduld ertragen meinen tödlichen Abschied und gedenken, daß sie mit mir zwölf Jahre in Friede und Freude gelebet. Sie hat wie ein frommes Weib nicht allein meiner treulich gepfleget und gewartet, sondern mir auch wie eine Magd gedienet; Gott vergelte es ihr an jenem Tage, und Ihr helfet sie auch versorgen neben meinen Kindern."

Da verging Käthe fast zu Hause, obwohl der Gatte ihr von Tambach geschrieben hatte: „Du magst wohl daheim bleiben, weil mir Gott so reichlich geholfen hat, daß ich mich versehe fröhlich zu Dir zu kommen". Augenblicklich selbst nicht reisefähig, sandte sie eine von den drei Nichten Kaufmann zur Pflege des Gatten, und sobald sie irgend konnte, machte sie sich selbst auf den Weg und durfte in Altenburg, in des treuen Spalatin Pfarrhause, den Gatten, fast ganz wieder hergestellt, in die Arme schließen.

Zu diesem Hauptleiden gesellten sich eine Reihe anderer Übel bei Luther. Seit 1532 hatte er eine offene Stelle, eine „Fontanelle" am Bein, die viele Beschwerden bereitete, die aber von den Ärzten künstlich offen gehalten wurde als Ableitung gegen den Schwindel und Blutandrang. Aber diese beiden Übel minderten sich trotzdem nicht, worin der Kranke richtigen Blicks die Vorboten eines Schlaganfalls sah. Und seit der Schmalkaldener Reise ist sein Leben überhaupt eine lange Krankengeschichte, in der ihm seine Gattin mit nimmermüder, sorgender und erfinderischer Treue zur Seite steht. 1538 litt er schwer an der Ruhr. 1541 kam ein schmerzhaftes Ohrenleiden, wahrscheinlich eine Mittelohrentzündung, dazu, die ihm zeit-

weise das Gehör raubte und ihn unter Tränen um Erlösung beten
ließ, bis das Geschwür sich nach außen öffnete. 1545 zeigten sich
Anzeichen des grauen Stars, denn er nennt sich „alt, abgelebt,
kalt und nun gar einäugig". Es waren neben dem Hauptleiden die
deutlichen Kennzeichen der Arterienverkalkung, an der Luther litt,
und man kann es wohl verstehen, wenn er am 30. Mai 1544 an die
Kurfürstin Sybille schreibt:

„Es gehet uns gottlob wohl und besser, denn wir's verdienen, vor Gott,
daß ich aber am Haupt zuweilen untüchtig bin, ist nicht Wunder; das
Alter ist da, welches an ihm selbst alt und kalt, ungestalt, krank und schwach
ist. Der Krug gehet solange zum Wasser, bis er einmal zerbricht. Ich
habe lange genug gelebt; Gott beschere mir ein selig Stündlein, darin der
faule, unnütze Madensack unter die Erde komme zu seinem Volk und den
Würmern zuteil werde."

Es bedurfte nur noch eines letzten Anfalls des alten Steinleidens,
von den der nächste Abschnitt erzählen wird, und der Sterbens-
wunsch ward dem alten Kämpfer erfüllt.

Zu den unaufhörlichen, während der Reiseabwesenheiten noch
gesteigerten Sorgen Frau Käthes um die Gesundheit ihres Gatten
gesellte sich auch die um gewaltsame Bedrohung seines Lebens.
Wir dürfen nicht vergessen, daß das Wormser Edikt vom 8. Mai
1521, das Luther mit der Reichsacht belegte und für vogelfrei erklärte, niemals zurückgenommen worden ist. Es hatte schon ein
großes Maß glaubensvollen Mutes dazu gehört, mit einem Ge-
ächteten in den Ehestand zu treten, den jeder Mordbube jeden Tag
aus dem Wege räumen konnte. Und an den Versuchen dazu hat es
nicht gefehlt. Mehr als einmal sandten ihm seine Feinde Mörder
ins Haus oder suchten ihm Gift in die Speisen zu mischen. Selbst
der Herzog Georg von Sachsen schämte sich dieses gemeinen Mittels
nicht: einmal erschien ein von ihm gedungener Meuchelmörder mit
verborgener, gespannter Büchse bei Luther, fiel ihm aber sofort,
überwältigt von seiner Persönlichkeit, zitternd zu Füßen, bat um Ver-

zeihung und warnte ihn vor seinen Feinden; und Luther war so
großmütig, ihn völlig unbehelligt ziehen zu lassen. Was mag die
arme Frau gemütlich durchgemacht haben, als er ihr nachher dies
Erlebnis, wie wenn nichts geschehen wäre, erzählte!

Neben Käthes Sorge um Luther trat hie und da seine Sorge um
i h r teures Leben. Sie war zwar im allgemeinen eine rüstige, gesunde Frau. Aber dann und wann hören wir doch von kleineren
Störungen ihrer Gesundheit. Eine Ohnmacht ließ einmal auf
recht geschwächte Kraft schließen; ein andermal lag sie in Fieber-
schauern so darnieder, daß ihr Gatte rufen mußte: „Liebe Käthe,
stirb mir ja nicht!" Und einmal, im Januar 1540, hing ihr Leben
nur an einem Faden. Am 18. Januar war sie noch frisch und gesund
gewesen, so daß Luther sich dem Kurfürsten gegenüber bereit erklärte, zu einer Verhandlung nach Eisenach zu kommen. Am
22. Januar aber wurde sie von einer Fehlgeburt überrascht, die
ihren Zustand bald lebensgefährlich machte. Sie selbst hatte alle
Hoffnung aufgegeben und betete angesichts des erwarteten Todes
gefaßt und ruhig immer wieder die Worte des 31. Psalms: „Herr,
ich traue auf dich, laß mich nimmermehr zu Schanden werden!"
Wären die Kinder nicht gewesen, erzählt Luther später, um ihrer
selbst willen hätte er kein Vaterunser mehr gebetet. Aber die Sorge
um seine unmündigen Kinder preßte ihm die flehentliche Bitte um
Erhaltung des teuren Lebens aus Herz und Mund. Am 24. Januar
glich sie einer nur schwach atmenden Leiche und lag trotz aller
stärkenden Mittel fortwährend bewußtlos. Aber der unermüd-
lichen treuen Pflege der Ihrigen, von denen der Gatte nicht vom
Lager wich, gelang es doch, die Kräfte zu heben und das Leben zu
erhalten, nicht ohne daß am 12. Februar, als man schon alles gewonnen glaubte, ein schwerer Rückfall eintrat, der aufs neue um
ihr Leben fürchten ließ. Endlich kehrten die Kräfte wieder und es
ging langsam aber sicher vorwärts. Am 26. Februar durfte Luther

an Jonas, Bugenhagen und Melanchthon, die in Schmalkalden
weilten, schreiben:

„Hier ist, Gott sei Dank, alles wohl auf. Auch meine Käthe hat wieder
Appetit zum Essen und Trinken bekommen und kriecht mit den Händen
an Tischen und Stühlen entlang. Und auch das bißchen Übel, das noch
da ist, wird mit Gottes Gnade bald aufhören."

Im April war Frau Käthe völlig hergestellt und konnte mit alter
Tatkraft sich den Sorgen um die Erwerbung von Zulsdorf (siehe
Seite 120 ff.) widmen.

Aber auch an gemeinsam von beiden Gatten zu tragenden Sorgen=
lasten hat es dem Lutherhause nicht gefehlt. Das Jahr 1527 brachte
nicht bloß im Juli jenen ersten schweren Krankheitsanfall Luthers,
sondern auch im August den Schrecken der Pest in Wittenberg.
Macht= und ratlos stand man auch damals noch wie während des
ganzen Mittelalters dieser gefürchteten Gottesgeißel gegenüber,
die nicht allein durch Berührung, sondern auch durch Einatmung an=
steckend und verheerend in furchtbarem Maße wütete und zu jener
Zeit, wo die heutigen gesundheitlichen Maßnahmen vollständig
fehlten, zahllose Opfer forderte. Im Armeleuteviertel, wo die Be=
völkerung am dichtesten wohnte und die Reinlichkeit nicht eben groß
war, brach sie aus; aber sie näherte sich mit raschen Schritten der
Universität und dem Schwarzen Kloster. Studenten und Pro=
fessoren suchten ihr Heil in wilder Flucht. Der Kurfürst verlegte
die Hochschule nach Jena. Auch Luther wurde von ihm gebeten
wegzuziehen, um sein teures Leben zu schonen. Allein er hielt es in
kindlicher Glaubenszuversicht für seine heilige Pflicht, zu bleiben;
war er doch der Überzeugung, daß die Hälfte der Kranken nur an
der Angst sterbe und daß hinter der ganzen Krankheit ein Spuk
des Teufels stecke, der sich freue, daß er die Menschen so ängstigen
könne und in der Hölle Fastnacht darüber feire. Mit Luther hielten
der Stadtpfarrer Bugenhagen und die Diakonen treulich aus und

versorgten mutig die pestkranke Stadt mit den Trostmitteln von Wort und Sakrament. Aber damit nicht genug: das Schwarze Kloster ward selbst ein Pestspital. Zwar stand Frau Käthe das zweitemal in Mutterhoffnungen und der Tod der Frau Diakonus Rörer, die in derselben Lage gewesen war, ging ihr sehr nahe und erfüllte sie mit Sorgen für ihr eigenes Leben. Überdies war Hänschen infolge des Zahnens drei Tage recht unwohl und forderte der Mutter Pflege. Dazu kam, daß die Nahrungsbelieferung vom Lande recht mangelhaft und darum teuer war, denn die Bauern wollten die verseuchte Stadt nicht betreten; schwer kam es Frau Käthe an, daß sie für eine Gans zwei Groschen bezahlen mußte! Nichtsdestoweniger konnte sie sich ihrer ganzen Art nach nicht entziehen, wo die Not an ihre Türen pochte. Die Pflegetochter des Hauses, Margarete von Mochau, legte sich an der Pest. Damit war die Infektion im Hause, und nun kam es den Lutherleuten auf ein paar weitere Patienten nicht mehr an. Die Frau von Dr. Augustin Schurf erkrankte und wurde im Kloster aufgenommen; die ganze Familie Bugenhagen durfte aus dem durch den Tod der Frau Rörer verseuchten Pfarrhause ebendahin übersiedeln. Was lag in dieser furchtbar schweren und ernsten Zeit auf Käthes Schultern und Gemüt! Aber „tapfer im Glauben und gesund am Körper" hat sie neben ihrem Gatten ausgehalten, die Gesunden versorgt, die Kranken verpflegt und alle davongebracht. Endlich schien die Krankheit sich im Stall auszutoben; in seinem unvergleichlichen Humor schreibt Luther an Jonas, als er ihm am 10. Dezember die Geburt der kleinen Elisabeth meldete: „Wir haben für unsere Kranken fünf Schweine hingegeben, die wir verloren haben; Christus, unser Trost, verleihe, daß die Pest sich mit dieser Steuer begnüge". Und das tat sie auch. Am 29. Dezember war sie „tot und begraben". Sie forderte freilich ein halbes Jahr nachher in dem Tod des zarten Blümleins Elisabeth eine mittelbare nachträgliche Steuer von den Lutherleuten.

Als 1529 und 1535 die Seuchenplage sich wiederholte, hielt das
Schwarze Kloster wiederum wacker aus, und Luther konnte dem
Kurfürsten, der ihn dringend bat, der Gefahr aus dem Wege zu
gehen, in sorglosester Weise antworten, daß die Pest viel mehr auf
die Sucht der Studenten, sich den Vorlesungen zu entziehen, zurück=
gehe. Es war, wie wenn die Lutherfamilie gefeit wäre gegen An=
steckung. Frau Käthe insbesondere leistete Übermenschliches, und
Luther wußte das besonders dankbar zu schätzen, da er wohl wußte,
daß er in häuslicher Trübsal viel weniger tapfer sei als der in
öffentlichen Dingen so zage Melanchthon.

War eben von dem frühen Ende der kleinen Elisabeth (s. Seite
91) die Rede, so brachte ein paar Jahre darauf der Tod der be=
tagten Eltern Luthers häusliche Trübsal. Das Verhältnis zu den=
selben, das durch Luthers Eintritt ins Kloster getrübt worden war,
hatte sich ja, nachdem er zum Reformator, zum Gatten und
Vater geworden war, durchaus harmonisch und innig gestaltet,
und Luther, der früher seinem Va ter ob seiner strengen Zucht gram
gewesen war, hing mit dankbarer Liebe an den alten Leuten und
suchte ihnen manche häusliche Sorge um verwaiste Enkelkinder
abzunehmen. Gerne kamen dieselben ins Schwarze Kloster zu Be=
such und freuten sich der vornehmen Schwiegertochter, die ihnen
herzliche Liebe entgegenbrachte, und der drei Enkelkinder, die sie
in demselben erlebten. Anfangs des Jahres 1530 erhielt Luther
von seinem Bruder Jakob in Mansfeld die Nachricht, daß bei dem
Vater die Gebrechen des Alters sich meldeten und er „fährlich
krank“ sei. Da brauchte es keiner langen Überredung bei der Haus=
frau, die ja sonst ihres Hauses Pforten für jedermann offen hatte,
um sie auch für die betagten Eltern zu öffnen. Luther schreibt am
15. Februar:

„Große Freud sollt' mir's sein, wo es möglich wäre, daß ihr euch ließet
samt der Mutter hieherführen zu uns, welches meine Käth mit Treuen

auch begehrt und wir alle. Ich hoffet, wir wollten euer aufs best warten.
Denn es geriet mit euch nach göttlichem Willen zu diesem oder jenem
Leben, so wollt ich ja herzlich gern, wie auch wohl billig, leiblich um euch
sein und nach dem vierten Gebot mit kindlicher Treu und Dienst mich
gegen Gott und euch dankbar erzeigen."

Der Umzug ließ sich aber nicht mehr bewerkstelligen, der Vater
war zu schwach dazu und wollte auch nicht die Unruhe des Lutherhauses noch vermehren. Luther war auf der Coburg, als die Nachricht von dem am 29. Mai erfolgten Tode des Vaters ihn traf; sie
bewegte ihn tief; er nahm seinen Psalter und ging in seine Kammer,
um sich auszuweinen. Und daheim hat Frau Käthe innigen Anteil
an diesem seinem Schmerz genommen.

Ein Jahr verging und dem Vater folgte die M u t t e r nach, die
langsam dem Tode entgegengekränkelt hatte. Wie dem Vater, so schrieb
auch ihr Luther einen wunderschönen Trostbrief, in dem es heißt:

„Meine herzliebe Mutter, es bitten für euch alle eure Kinder und
meine Käthe. Etliche weinen, etliche essen und sagen: die Großmutter
ist sehr krank. Gottes Gnade sei mit uns allen! Amen."

Am 30. Juni 1531 ist auch sie sanft entschlafen.

––––––––

Aber das allerschwerste Hauskreuz ward den Gatten im September 1542 auferlegt. Die Wunde, die der frühe Tod Elisa-
bethchens geschlagen und die dem Vater „ein fast weibisches Herz"
gemacht hatte, war lange vernarbt; Frau Käthe war von ihrer
schweren Krankheit längst genesen und wirkte und schaffte in Wittenberg und Zulsdorf in rüstiger Kraft. Hans hatte eben seinen ersten
Flug hinaus in die Welt getan, indem er im August 1542 die lateinische Schule zu Torgau bezogen hatte, und fröhlich blühten die
anderen Kinder heran. Da plötzlich, ohne das geringste Anzeichen
zuvor, erkrankte das Töchterlein M a g d a l e n a , und zwar sofort
unter schweren Anzeichen. Sie war unter allen Kindern des Lutherhauses der erklärte Liebling von Vater und Mutter, der in seinen

13 Lebensjahren die Eltern niemals betrübt hatte. Sinnig und innig
schauen auf ihrem Bilde die großen, klugen Augen aus dem feinen
Kindergesicht; und wie auf diesem der Abglanz einer schöneren
Welt zu liegen scheint, so wehte etwas von Ewigkeitsluft durch das
junge Leben. Das gereifte Kind selbst fühlte den Ernst seiner Krank=
heit und die Schauer des nahenden Todes und wünschte sehnlich
den Bruder Hans, mit dem es in zärtlicher Liebe verbunden war,
noch einmal zu sehen. Wie konnte ihm Luther diesen Wunsch ver=
sagen! Hegte man doch, wie man ja in solchen Lagen an einen
Strohhalm sich klammert, die stille Hoffnung, das Zusammensein
mit dem Bruder könnte den Verlauf der Krankheit günstig beein=
flussen. Wagen und Pferde waren ja im Hause; am Morgen des
17. September hielt Wolf Sieberger mit dampfenden Rossen vor
dem Rektorhause in Torgau, um mit einem tiefbesorgten Brief des
Vaters das augenblickliche Kommen von Hans zu erbitten, dem man
aber ja nicht sagen sollte, um was es sich handle, nur: „um etwas,
was ihm heimlich aufgetragen werden müsse".

Hans kam noch recht und durfte drei Tage ernster Sorge und
heißen Ringens mit den Eltern an der Schwester Bette verbringen.
Es ist ein ergreifendes Bild, Luther in diesen Tagen am Sterbebette
seines Kindes zu sehen, halb zärtlich liebender Vater, der sein
Liebstes so gern behalten möchte, halb ernster, treuer Seelsorger,
der es vorbereitet auf den Weg zur seligen Ewigkeit und trotz
eigenen Herzwehs die weinende Mutter noch trösten muß und kann,
die „wohl in der Kammer war, doch weiter vom Bette um der
Traurigkeit willen". Nur e i n Wort ist uns aus des Kindes Munde
selbst überliefert; aber es zeigt in seiner schlichten Einfalt, daß
Lenchen seines Vaters würdige Schülerin war im gottergebenen
Glauben. Als Luther sprach: „Magdalenchen, mein Töchterlein,
du bleibst gerne hier bei deinem Vater und zeuchst auch gerne hin
zu jenem Vater?", da antwortete das Kind: „Ja, herzer Vater, wie
Gott will".

In der Nacht vom 19. auf 20. September hatte Frau Käthe, die vor Ermattung in kurzen Schlummer gesunken war, einen Traum; sie sah „zwei junge, schöne, wohl geschmückte Gesellen, die ihre Tochter zur Hochzeit führen wollten". Aber die leise Hoffnung, die der Traum in ihr entfachte, zerstörte der nüchtern denkende Melanchthon, dem sie ihn am Morgen sofort erzählte, mit den Worten: „Die jungen Gesellen sind die lieben Engel, die werden kommen und diese Jungfrau in das Himmelreich zur rechten Hochzeit führen". Und er behielt recht. Ohne eigentlichen Schmerz und Todesangst ist das gute Kind in der zehnten Morgenstunde des 20. September in des Vaters Armen zur ewigen Hochzeitfreude eingegangen. Blutenden Herzens mußte er doch seine völlig gebrochene Gattin zu trösten: „Liebe Käthe, bedenke doch, wo sie hinkommt; sie kommt ja wohl". Als das Kind im Sarge lag, sprach er:

„Ach du liebes Lenichen, wie wohl ist dir geschehen! Du wirst wieder auferstehen und leuchten wie ein Stern, ja wie die Sonne. Wunderding ist's wissen, daß sie gewiß im Frieden und ihr wohl ist, und doch noch so traurig sein."

Und zu den weinenden Beileidsbesuchen sprach er:

„Ich habe einen Heiligen zum Himmel geschickt, ja, einen lebendigen Heiligen. O hätten wir einen solchen Tod! Einen solchen Tod wollt ich auf diese Stunde annehmen."

An Justus Jonas schrieb er:

„Du sollst wissen, daß meine liebe Tochter Magdalena wiedergeboren ist zum ewigen Reich Christi. Wohl sollten meine Frau und ich nun nichts als danken und uns freuen über einen solch glücklichen Ausgang und seliges Sterben. Aber die Kraft der natürlichen Liebe ist so groß, daß wir ohne Schluchzen und Herzseufzen, ja ohne groß Herzbrechen das nicht können. Denn zu tief im Herzen sitzet uns die fromme, folgsame Tochter, die uns nicht ein einziges Mal gekränkt hat, ihre Blicke, ihre Worte, ihr ganzes Wesen, wie sie war im Leben und im Sterben, daß auch Christi

Tod das nicht ganz verwischen kann, wie es doch sein müßte. Sie war von einer milden, sanften Gemütsart und bei jedermann beliebt. Gelobt sei unser Herr Jesus Christus, der sie berufen, erwählet und herrlich gemacht."

Und an Jakob Probst in Bremen, seinen ehemaligen Klosterbruder:

„Sie ist im vollen Glauben an Christus entschlummert. Des väterlichen Schmerzes im Herzen bin ich Herr geworden, doch nur, indem ich gegen den Tod murrte und schalt. So hat Entrüstung meine Tränen gelindert. Ich habe sie sehr lieb gehabt. Meine Käthe grüßt euch noch unter Schluchzen und das Auge von Weinen naß."

Aber trotzdem: diese Wunde in beider Eltern Herzen vernarbte nicht mehr. Noch nach drei Jahren schreibt Luther: „Wunderbar ist es, wie mich der Tod meiner Magdalena quält; ich kann sie nicht vergessen".

Während der Grabstein der kleinen Elisabeth noch heute vorhanden ist (s. Seite 91), ist der Lenchens im Sturm der Zeiten verloren gegangen. Wir wissen nur, daß er mit einem lateinischen Vers Luthers geschmückt war, dessen deutsche Übersetzung lautete:

Hier schlaf ich Lenichen, D. Luthers Töchterlein,
Ruh mit allen Heiligen in meinem Bettlein.
Die ich in Sünden war geborn, hätt' ewig müssen sein verlorn,
Aber ich leb nun und hab's gut, Herr Christe, erlöst mit deinem Blut."

———————

Hauskreuz aller Art ist beiden Ehegatten gemeinsam zu tragen auferlegt und soll sie beide fester zusammenfügen. Deshalb ist auch in diesem Abschnitt fast mehr als von Käthe von ihrem Gatten die Rede gewesen. Aber daß sie am Hauskreuz nicht ihr redlich Teil mitgetragen hätte, ist damit natürlich nicht gesagt. Fragen wir darum zum Schluß noch, welches ihre Mittel und Waffen waren, das Hauskreuz zu bekämpfen, so treten uns deren zwei vor die Augen.

Das erste, äußerliche, war ihre erprobte Kunst der Krankenpflege. Wie sie eine Meisterin im Haushalt und in der Küche war, so war sie besonders eine gelehrige Schülerin ihrer Muhme Lene, der lang-

jährigen Siechenmeisterin von Nimbschen. So mangelhaft im
allgemeinen die medizinischen Kenntnisse der damaligen Zeit
waren, so viel haben doch zu allen Zeiten in Krankheitsnöten einmal eine zuträgliche Kost und fürs zweite die im Volk erprobten
Hausmittel zu bedeuten gehabt. Frau Käthe hatte sich insbesondere
ihrem Mann gegenüber allmählich trefflich eingestellt auf die ihm
bekömmliche Kost. Er hat zwar hie und da weder nach ihrer noch
nach der Ärzte Vorschriften viel gefragt und in einer Art glücklichen
Leichtsinns auch über die Schnur gehauen: „Ich esse, was mir
schmeckt, und leide darnach, was ich muß. Ich frage auch nach den
Ärzten nichts, will mir mein Leben nicht sauer machen, sondern in
Gottes Namen essen und trinken was mir schmeckt". Aber im allgemeinen hat er „seinem Herrn Käthe" doch Gehorsam geleistet und
der Krankendiät seiner „Erzköchin" war nächst Gottes Gnade die
lange Erhaltung seines Lebens zu danken. Einmal hat er sich tatsächlich bei einem Anfall seines Steinleidens an einem Essen, das
ihm Käthe allerdings auf seine eigene Verordnung bereitete und
über das sich seine Ärzte hell entsetzten, nämlich Brathering und
Erbsen mit Senf, gesund gegessen.

Aber vor allem war Frau Käthe auch eine Art Apothekerin. Sie
verstand nicht bloß ihr häusliches Bier in der Zusammensetzung zu
brauen, wie sie dem Gatten am meisten mundete und taugte, sondern sie mußte auch allerlei Tränklein zu brauen, Mittel und Salben
zu bereiten, an die Luther einen Glauben hatte, und der macht bei
solchen Dingen nicht wenig aus. Darin war sie geradezu uner-
schöpflich und unermüdlich, so daß ihr jüngster Sohn Paul, der ja
selbst Arzt wurde, sie einen halben Doktor nennt. Ihre Salben
gegen Rheumatismus, ihre Pulver gegen innere Krankheiten wurden nicht bloß im eigenen Hause gern und mit Erfolg angewandt,
sondern waren auch sonst in der Stadt angesehen und gern gebraucht.
Paul Luther bezeugt in seiner akademischen Antrittsrede in Jena:
„Meine Mutter hat nicht allein in Frauenkrankheiten durch Rat und

Heilung vielen geholfen, sondern auch Männer von Seitenschmerzen
befreit". Und ihr Gatte stand, wie gesagt, durchaus nicht auf dem
einseitigen Standpunkt, daß in Krankheiten bloß Glaube und Gebet
helfen müsse; er wußte, daß Gott auch in die Natur Heilkräfte gelegt
und daß man diese dankbar benützen dürfe: „Brauche der Arznei,
nimm zu dir, was dir helfen kann". So hat er ja nach Schmalkalden
ein Steinmittel, das seine Frau nach eigenem derbem Rezept bereitet
hatte, und zwar nach unsern Begriffen nicht eben appetitlich, gläubig
mit= und auch eingenommen, wenn er freilich auch schreiben muß:
„Deine Kunst hilft mich auch nicht mit dem Mist".

Das zweite Mittel, das Frau Käthe gegen das Hauskreuz der
Krankheit mit Glück anwandte, war ihr ganzes in Gott gefestigtes,
gläubiges Gemüt, das ruhig war in Gottergebung und darum auch
Ruhe und Trost um sich verbreitete, und ihr stilles, glaubensvolles
Gebet. Wie hat sie die lange Wochen in ihrem Hause krank weilende
Kurfürstin Elisabeth von Brandenburg zu pflegen gewußt im Sinne
jenes Lieblingsworts ihres Gatten: „Durch Stillsein und Hoffen
werdet ihr stark sein"; schreibt doch Luther an ihren Schwiegersohn:
„Meine Käthe sitzt bei ihr auf dem Bette und schweiget sie". Und
am Bette eines todkranken Zöglings von Veit Dietrich, den sie mit
rührender Treue verpflegt, sagt er im Blick auf sie: „Wo keine Frau
ist, da seufzt der Kranke, denn sie ist zum Pflegen geboren". Wie
manchesmal hat sie sein eigenes, umdüstertes Gemüt durch ihren
kindlichen Glauben wieder aufzurichten verstanden! Und daß sie
endlich ein reiches und zartes Gebetsleben mit ihrem Gott führte,
davon haben wir schon oben (Seite 85) gehört; nicht umsonst ver=
sichert sich ihr Gatte in seinen Briefen immer wieder ihres betenden
Gedenkens. Mit dieser Kraft ihrer Fürbitte hat sie gewiß das Meiste
und Beste geleistet, um dem Hauskreuz zu begegnen. Aber sie
wußte, daß auch des Frommen Gebet nicht alles vermag, wenn
Gottes Wille ein anderer ist. Und so blieb ihr das allerschwerste
Hauskreuz nicht erspart, von dem der nächste Abschnitt erzählt.

Fünfzehnter Abschnitt

Trennungsschmerz

Luthers Leben stand in den vierziger Jahren eigentlich unter dem Schriftwort (1. Kor. 15, 31): „Ich sterbe täglich". Seine vielen und gehäuften körperlichen Beschwerden, seine unerfreulichen amtlichen Erlebnisse legten ihm den Gedanken nahe: „Ich habe Lust abzuscheiden und bei Christo zu sein" (Phil. 1, 23). Aber diese heilige Sterbenssehnsucht machte ihn nicht blind gegen das Irdische. Was für ein wohlsorgender und klug rechnender Hausvater der früher um alle solche Dinge völlig unbekümmerte Mann geworden war, und zugleich welch zarte, tiefe, innige Liebe und Fürsorge ihn mit seiner Käthe verband, das zeigt aufs deutlichste sein T e s t a m e n t vom 6. Januar 1542.

In Kursachsen galt damals noch das alte, harte, sächsische Recht, daß der Mann nach seinem Tode nicht von seiner Witwe, sondern nur von seinen Kindern beerbt werde. „Man soll einer Ehefrau nach dem Tode ihres Mannes einen Stuhl und einen Rocken geben", war ein Grundsatz jener Zeit, der Luther viel zu schaffen machte. Aber es war immerhin die Möglichkeit, daß der Ehemann durch besonderes Testament zugunsten seiner Frau verfügte; nur bedurfte es dazu der Einwilligung des Landesherrn und der Einsetzung von Vormunden. Allein gerade diese Förmlichkeiten gaben Luther innerlich viel zu leiden; bei seiner gereizten Abneigung gegen alle Juristen sah er darin einen Mißtrauensbeweis gegen seine Frau, der er doch sein volles, freudiges Vertrauen schenkte. So äußerte er, als Melanchthon sein Testament abfaßte:

„Ich weiß kein Testament zu stellen. Meine Bücher sind vorhanden, die hinterlasse ich meinen Kindern; mögen sie sehen, daß sie nicht klüger seien, als die Väter es waren. Dich, Käthe, setze ich zur Erbin von allem ein. Du hast die Kinder geboren, hast ihnen die Brust gereicht; nicht zu ihrem Nachteil wirst du ihre Sache führen. Den Vormunden bin ich feind; sie machen's selten gut."

Und als er nun doch endlich am Erscheinungsfest 1542 sein Testament niederschrieb, da suchte er weder die Einwilligung des Kurfürsten nach noch setzte er Vormunde ein, sondern vertraute einerseits auf des Kurfürsten Zusage von Schmalkalden (Seite 128): „Euer Weib soll mein Weib sein", andererseits darauf, daß seine Handschrift und sein Siegel mehr Glauben verdienen als ein Notarius. Das Testament lautet in der Hauptsache also:

„Ich, Martinus Luther, Doktor, bekenne mit dieser meiner Handschrift, daß ich meiner lieben und treuen Hausfrau Kathrin gegeben habe zum Wipgeding (d. h. Witwengut) oder wie man das nennen kann, auf ihr Leben lang, damit sie ihres Gefallens und zu ihrem Besten gebahren möge, und gebe ihr das in Kraft dieses Briefes, gegenwärtiges und heutiges Tages: Nämlich das Gütlein Zulsdorf, wie ich dasselbe gekauft und zugerichtet habe, allerdinge, wie ich's bisher gehabt habe. Zum andern das Haus Bruno (f. S. 57) zur Wohnung, so ich unter meines Wolfs Namen gekauft habe. Zum Dritten die Becher und Kleinode, als Ringe, Ketten, Schenkgroschen, gülden und silbern, welche ungefähr sollten bei 1000 Gulden wert sein.

Das tue ich darum: erstlich daß sie mich als ein fromm, treu, ehelich Gemahl allezeit lieb, wert und schön gehalten und mir durch reichen Gottes-Segen fünf lebendige Kinder, die noch vorhanden, Gott geb' lange, geboren und erzogen hat. Zum andern, daß sie die Schuld, so ich noch schuldig bin, wo ich sie nicht bei Leben ablege, auf sich nehmen und bezahlen soll, welcher mag sein ungefähr, mir bewußt, 450 Gulden: mögen sich vielleicht wohl mehr finden. Zum dritten, und allermeist, darum daß ich will, sie müsse nicht den Kindern, sondern die Kinder ihr in die Hände sehen, sie in Ehren halten und unterworfen sein, wie Gott geboten hat. Denn ich halte, die Mutter werde ihrer eigenen Kinder der beste Vormund sein und solch Gütlein und Wipgeding nicht zu der Kinder Schaden und Nachteil, sondern zu Nutz und Besserung brauchen, als die ihr Fleisch und Blut sind und sie unter ihrem Herzen getragen hat.

Und bitte auch hiemit untertäniglich meinen gestrengen Herrn Herzog Johann Friedrich Kurfürsten, Seine Kurfürstl. Gnaden wollten solche Begabung gnädiglich schützen und handhaben. Zuletzt bitte ich auch jedermann, weil ich in dieser Begabung nicht brauche der Juristen Form oder Wörter, man wolle mich lassen sein die Person, die ich doch in der Wahrheit bin, nämlich öffentlich und die, beide im Himmel, auf Erden, auch in der Hölle bekannt, Ansehens und Autorität genug hat, der man trauen und glauben mag mehr denn keinem Notario. Hier ist meine Hand, gar wohl bekannt, der Hoffnung, es soll genug sein, wenn man sagen und beweisen kann: dies ist D. Martin Luthers, der Gottes Notarius und Zeuge ist in seinem Evangelio, ernstliche und wohlbedachte Meinung, mit seiner eigenen Hand und Siegel zu beweisen."

Zu allem Überfluß war die Namensunterschrift noch durch Melanchthon, Bugenhagen und Kreuziger beglaubigt. Damit glaubte Luther seine Sache recht und unanfechtbar gemacht zu haben, und wenn das Testament auch juristisch nicht einwandfrei und menschlich betrachtet unklug abgefaßt war, es ist und bleibt doch ein Ehrenzeugnis sondergleichen für Frau Käthe. Sein Haus war damit auch im Irdischen bereit, und geistlich war er jeden Tag gefaßt, zu gehen. Sein Gott hat ihm gerade noch vier Jahre Zeit gegeben.

In den ersten Wochen des Jahres 1546 kam für Frau Käthe der Trennungsschmerz. Er kam nach allem, was wir im vorigen Abschnitt gehört, nicht unvorbereitet. Noch in diesem Winter hatte er einmal, als seine Kopfschmerzen sich ins Unerträgliche steigerten, seiner Frau gesagt: „Käthe, wenn mir morgen nicht besser wird, so will ich unsern Hans lassen von Torgau holen, denn ich ja gern wollt', daß er sollt' bei meinem Ende sein". Und als sie ihn zu beschwichtigen suchte: „Sehet, Herr, da machet Ihr Euch Gedanken"; erwiderte er: „Nein, Käthe, es ist keine Einbildung von mir. Ich sterbe nicht so plötzlich; ich will erstlich mich niederlegen und krank werden. Aber ich will nicht lang liegen."

Und dieser Wunsch ist ihm gnädig erfüllt worden. Aber tragisch war es, daß der Frau, die ihn 21 Jahre lang in guten und bösen

Tagen mit aller rührenden Treue verpflegt hat, nicht vergönnt war,
an seinem Sterbelager zu stehen und ihm die Augen zuzudrücken.

Es war ein letztes, schönes Zeugnis für Luthers Dienstbereitschaft
gegen alle Welt, daß er unter solch niederdrückenden Gesundheits=
umständen sich dem Ruf der Grafen von Mansfeld, Schiedsrichter=
amtes in Angelegenheiten von Rechtsansprüchen und Bergwerks=
einkünften zu walten, nicht entziehen mochte. Trotz aller Abreden
seiner tiefbesorgten Frau reiste er in Begleitung seiner drei Söhne,
des Lehrers derselben Ambrosius Rudtfeld und seines Famulus
Johann Aurifaber am 23. Januar 1546 nach Eisleben ab. Die Reise
war infolge von Überschwemmung und strenger Kälte beschwerlich
und gefährlich; aber im Dienste des Friedenswerkes, zu dem er
berufen war und das er auch glücklich zu Ende führen durfte,
kämpfte der tapfere Mann alle persönlichen Beschwerden nieder.

In dieser Zeit häufen sich die Briefe an die „allerheiligste, ge=
gelehrte, sorgfältige Frau", die sich daheim in Sorgen um den
Gatten verzehrte. Sie sind in der Briefliteratur aller Zeiten wahre
Perlen an menschlicher Zartheit, die beruhigen will, da doch das
eigene Herz gar nicht ruhig ist, die Todesahnungen ausreden will,
da doch das eigene Herz ihrer voll ist. Wie mag sie sich gebangt
haben, als die Nachricht von einer starken Erkältung eintraf; wie
besorgt sandte sie ihre Hausmittel und Pillen und ihre wohlge=
meinten, treuen Warnungen! Aber voll seines alten Humors, heiter
und schalkhaft, liebevoll und getrost weiß er sie zu beruhigen, ja
liest ihrer Sorge sogar den Leviten, versichert sie, wie wohlauf er
sei und von den schönen Frauen verwöhnt werde, schickt ihr Forellen
und erzählt ihr von fröhlichem Mummenschanz; jedoch gerade aus
diesen sich stets wiederholenden Beruhigungen ergibt sich, wieviel
Frau Käthe mit ihrem ahnenden Herzen ausgestanden hat. Wir
geben aus diesen letzten Briefen einige Proben:

Von Halle, 25. Januar. Gnad und Friede im Herrn! Liebe Käthe!
Wir sind heute um acht Uhr zu Halle ankommen, aber nach Eisleben nicht

gefahren, denn es begegnete uns eine große Wiedertäuferin mit Wasser=
wogen und großen Eisschollen, die das Land bedeckete, die dräute uns mit
der Wiedertaufe. So konnten wir auch nicht wieder zurückkommen von
wegen der Mulda, mußten also zu Halle zwischen den Wassern stille liegen,
nicht daß uns darnach dürstete zu trinken, sondern nahmen gut torgisch
Bier und guten rheinischen Wein dafür, damit labeten und trösteten wir
uns dieweil, ob die Saale wollte wieder auszürnen. Betet für uns und
seid fromm. Ich halte, wärest du hier gewesen, so hättest du uns auch also
zu tun geraten, so hätten wir deinem Rate auch einmal gefolget. Hiermit
Gott befohlen, Amen.

Von Eisleben, 1. Februar. Gnade und Friede in Christo, und meine
alte arme Liebe, und wie ich weiß, unkräftige, zuvorn. Liebe Käthe!
Ich bin ja schwach gewest auf dem Wege hart für Eisleben, das war meine
Schuld. Da ich bei dem Dorf war, ging mir ein solch kalter Wind hinten
in Wagen ein auf meinen Kopf durchs Barett, als wollt mirs das Hirn
zu Eis machen. Solchs mag nun zum Schwindel etwas haben geholfen;
aber itzt bin ich Gott Lob wohl geschickt, ausgenommen, daß die schönen
Frauen mich hart anfechten. Deine Söhnichen sind gen Mansfeld ge=
fahren ehegestern; weiß nicht, was sie da machen. Hiermit Gott befohlen
samt allem Hause, und grüße alle Tischgesellen. M. L., dein altes Liebchen.

7. Februar. Gnad und Friede im Herrn. Liese, du liebe Käthe, den
Johannem und den kleinen Katechismum, davon du zu dem Mal sagtest:
Es ist doch alles in dem Buch von mir gesagt. Denn du willst sorgen für
deinen Gott, gerade als wäre er nicht allmächtig, der da könnte zehen
Doktor Martinus schaffen, wo der einige alte ersoffe in der Saal oder im
Ofenloch oder auf Wolfs Vogelherd. Laß mich im Frieden mit deiner
Sorge, ich hab einen besseren Sorger, denn du und alle Engel sind. Der
liegt in der Krippen und hänget an einer Jungfrau Brust; aber sitzet
gleichwohl zur rechten Hand Gottes, des allmächtigen Vaters. Darum
sei im Frieden, Amen. — Betet, betet, betet und helft uns, daß wirs
gut machen. Ich bin nu auch ein Jurist worden. Aber es wird ihnen nicht
gedeihen. Es wäre besser, sie ließen mich einen Theologen bleiben. —
Wisse, daß alle Briefe, die du geschrieben hast, sind anher kommen, und
heute sind die kommen, so du am nächsten Freitag geschrieben hast, damit
du nicht zörnest. Dein lieber Herr M. Luther.

10. Februar. Gnad und Fried in Chriſto. Allerheiligſte Frau Dok=
torin! Wir danken uns gar freundlich für eure große Sorge, dafür ihr
nicht ſchlafen kunnt; denn ſeit der Zeit ihr für uns geſorget habt, wollt
uns das Feur verzehret haben in unſer Herberg hart vor meiner Stuben=
tür; und geſtern, ohn Zweifel aus Kraft eurer Sorge, hat uns ſchier ein
Stein auf den Kopf gefallen und zuquetſcht wie in einer Mäusfallen.
Denn es in unſerem heimlichen Gemach wohl zween Tage über unſerm
Kopf rieſelt Kalch und Leimen, bis wir Leute dazu nahmen, die den
Stein anrührten mit zwei Fingern, da fiel er herab ſo groß als ein lang
Kiſſen und zweier großen Hand breit: der hatte im Sinn euer heiligen
Sorge zu danken, wo die lieben heiligen Engel nicht gehütet hätten. Ich
ſorge, wo du nicht aufhöreſt zu ſorgen, es möchte uns zuletzt die Erden
verſchlingen, und alle Element verfolgen. Lehreſt du alſo den Katechis=
mum und den Glauben? Bete du und laß Gott ſorgen, es heißt: Wirf
dein Anliegen auf den Herrn, der ſorget für dich, Pſ. 55 und viel mehr
Orten. Hiemit Gott befohlen. Wir wollten nu gerne los ſein und heim
fahren, wenns Gott wollt, Amen, Amen, Amen. Euer Heiligen williger
Diener M. L.

Und dann der letzte Brief mit der Ankündigung der Heimkehr, vom
Sonntag den 14. Februar, an dem Luther ſeine letzte Predigt hielt:

Gnad und Friede im Herrn! Liebe Käthe! Wir hoffen, dieſe Woche
wieder heimzukommen, ob Gott will. Gott hat große Gnade hie erzeigt,
denn die Herren durch ihre Räte faſt alles verglichen haben bis auf zween
Artikel oder drei, unter welchen iſt, daß die zween Brüder Graf Gebhard
und Graf Albrecht wiederumb Brüder werden, welches ich ſoll heute für=
nehmen und will ſie zu mir zu Gaſt bitten, daß ſie miteinander reden.
Alſo muß man greifen, daß Gott iſt, der die Gebete erhört. — Deine
Sohnichen ſind noch zu Mansfeld. Jakob Luther will ſie wohl verſorgen.
Wir haben hier zu eſſen und zu trinken als die Herrn, und man wartet
unſer gar ſchön und allzu ſchön, daß wir euer wohl vergeſſen möchten zu
Wittenberg. So ficht mich der Stein auch nicht an. Hiermit Gott be=
fohlen. M. Luther, D.

Dieſer Brief kam in Wittenberg am Donnerstag den 18. Februar,
an und erregte große Freude. Aber in der Nacht zuvor hatte Luther

„der Stein angefochten", und morgens zwischen 2 und 3 Uhr war er aus allem Kampf dieses Lebens hinübergeschlummert zum ewigen Frieden. Die stärkenden Wasser, die Frau Käthe gesandt, hatten mit Einreibungen ihm noch den letzten Erdendienst getan. Ihr selbst und ihren Söhnen war es nicht vergönnt, Abschied von dem teuren Mann zu nehmen, der 21 Jahre lang ihres Lebens Inhalt und Sonne gewesen war.

D. Jonas fertigte alsbald zwei Eilboten ab, einen nach Torgau zum Kurfürsten, den andern an Melanchthon in Wittenberg. Am 19. Februar morgens um 6 Uhr erhielt derselbe die Botschaft und begab sich mit Bugenhagen und Kreuziger sofort ins Schwarze Kloster. Frau Käthe wird es dem Besuch der drei Herren zu so ungewohnter Frühstunde und ihren Gesichtern augenblicklich angemerkt haben, was sie zu bringen hatten. Sie war tief gebeugt, so tief, daß sie ihre Tischgenossenschaft sofort auflöste; und den größten Schmerz bereitete ihr der Gedanke, daß ihr Gatte „in einem andern Orte gestorben war, wo sie nicht bei dem Kranken Treue und die letzten Liebesdienste hatte erweisen können". Melanchthon berichtete dem Kanzler Brück: „So ist das arme Weib, wie leichtlich zu achten, hart erschrocken und in großer Betrübnis, sonderlich auch der dreien Söhne halben, die der Doktor seliger zu Eisleben gehabt, daß sie nicht weiß, wie sich dieselben über des Vaters Tod halten mögen."

Am 22. Februar kam Luthers Leiche in Wittenberg an. Seine Witwe hätte sie gerne auf dem nahen Friedhof zur letzten Ruhe bestattet, wo ihre beiden Töchterlein begraben waren. Aber der Kurfürst hatte schon verfügt, daß der große Mann bei den Fürsten seines Hauses in der Schloßkirche sollte beigesetzt werden, und Frau Käthe war es zufrieden; wußte sie doch seine letzten Erdenreste wenigstens an ihrem Wohnort ruhend. Hinter dem Leichenwagen fuhr Frau Käthe in einem niederen Wägelchen mit ihrem Töchterlein Margarete und ihren nächsten Freundinnen, dahinter schritten ihre drei Söhne Hans, Martin und Paul. So ging der Zug durch

die Länge der ganzen Stadt bis zur Schloßkirche; dort hielt Bugen=
hagen die Leichenpredigt und Melanchthon die tiefgründige latei=
nische Gedächtnisrede, die auf den Ton gestimmt war: „Wir sind
nun ganz wie arme, elende, verlassene Waisen, die einen teuren,
trefflichen Mann zum Vater gehabt und dessen beraubt sind". Dar=
auf wurde der Sarg vor der Kanzel in seine Gruft gesenkt.

Frau Käthe war die Frau nicht, die der Größe ihres Leides durch
lauten Schmerz Ausdruck gegeben hätte; in stillem Gram stand sie
an ihres Mannes Sarg und Gruft, und zugleich das Herz geschwellt
von der stolzen Freude, daß sie dieses großen Mannes Lebens=
gefährtin, sein Liebstes auf dieser Welt hatte sein dürfen. Dieses
Gefühl klingt neben der tiefen Trauer und dem christlichen Troste,
den ihr ihr Glaube gab, aus dem Briefe, den sie am 2. April an
ihre verwitwete Schwägerin Christina von Bora, die Mutter des
jungen Florian, schreiben ließ und mit dem dieser Abschnitt be=
schlossen sein soll (jetzt in der Lutherhalle zu Wittenberg):

Gnad und Fried von Gott, dem Vater unseres lieben Herrn Jesu
Christi, freundliche liebe Schwester. Daß ihr ein herzlich Mitleiden mit
mir und meinen armen Kindern tragt, glaub ich leichtlich. Denn wer
wollt nicht billig betrübt und bekümmert sein um einen solchen teuren
Mann, als mein lieber Herr gewesen ist, der nicht allein einer Stadt oder
einem einigen Land, sondern der ganzen Welt viel gedienet hat. Der=
halben ich wahrlich so sehr betrübt bin, daß ich mein großes Herzeleid
keinem Menschen sagen kann, und weiß nicht, wie mir zu Sinn und zu
Mut ist. Ich kann weder essen noch trinken, auch dazu nicht schlafen. Und
wenn ich hätt ein Fürstentum oder Kaisertum gehabt, sollt mir so leid
nimmer geschehen sein, so ichs verloren hätt, als nun unser lieber Herr
Gott mir, und nicht alleine mir, sondern der ganzen Welt diesen lieben
und teuren Mann genommen hat. Wenn ich daran gedenk, so kann ich
vor Leid und Weinen (das Gott wohl weiß) weder reden noch schreiben,
wie ihr leichtlich, liebe Schwester, selbst zu ermessen habt. Damit Gott
befohlen. Katharina, des Herrn Doktor Martinus Luther gelassene Witfrau.

Sechzehnter Abschnitt
Lebensforgen

„Sie war eine Witwe": all das Schwere und Traurige, was die Heilige Schrift in diese paar Worte über die Mutter des Jünglings von Nain hineinlegt, hat Frau Doktor Luther redlich und reichlich zu tragen gehabt. Die uns selbstverständliche Einrichtung einer Witwenpenſion kannte die damalige Zeit noch nicht. Große Barvorräte hat es im Lutherhaufe nie gegeben, und was etwa da war, das war durch die Beschaffung von Trauergewandung draufgegangen. So mußte drei Wochen nach ihres Gatten Tod Frau Käthe dem Kurfürſten Johann Friedrich „ſtumpf und kurz", wie der Kanzler Brück ſich ausdrückte, mitteilen, daß ſie weder Geld noch Vorräte habe, ſondern auf ſeine Fürſorge angewieſen ſei. Das war derſelbe Fürſt, der neun Jahre zuvor in Schmalkalden Luther verſprochen hatte: „Euer Weib ſoll mein Weib, eure Kinder meine Kinder ſein". Und dieſem fürſtlichen Wort blieb der Kurfürſt auch treu. In ſeinem freundlichen Beileidsbrief vom 20. Februar 1546 hatte er ihr geſchrieben:

„Wiewohl Wir wohl ermeſſen mögen, daß Euch ſolches Eures Herrn tödlicher Abgang ſchmerzlich und bekümmerlich ſein wird, ſo kann doch in dem Gottes gnädigen Willen, des Allmächtigkeit es alſo mit ihm

gnädiglich und chriſtlich geſchafft hat, nicht widerſtrebt werden, ſondern
es will ſolches Gott zu befehlen ſein. Darum Ihr Euch ſo viel deſtoweniger
bekümmern und ſeines chriſtlichen Abſcheidens Euch tröſten wolltet. Denn
Wir ſind gnädiglich geneigt, Euch und Eure Kinder um Eures Herrn ſel.
willen, dem Wir in ſonderen Gnaden und Güten geneigt geweſt, in
gnädigem Befehl zu haben und nicht zu verlaſſen. Das wollen wir Euch
gnädiger Meinung nicht verhalten."

Das klingt zwar etwas matter als das Wort von Schmalkalden,
aber es war gut und treu gemeint, und an dem Fürſten ſelbſt hätte
es auch nicht gefehlt, wenn nur ſonſt die dankbare Anhänglichkeit an
Luther ſtärker geweſen wäre. Aber wie wahr iſt das Wort geworden, das einſt vor Jahren der Rechtslehrer Hieronymus Schurf der
Frau Doktor warnend zugerufen hatte: „Hat man Chriſtus vergeſſen, ſo vergißt man des Luthers auch wohl"!

Wir haben ſchon früher gehört, daß der Kanzler Doktor Brück
Frau Käthes Freund gar nicht geweſen, daß ihr nie ganz abgelegter
Adelsſtolz ihm ein Dorn im Auge war und daß er aus ihrem ſpar-
ſamen, hausfraulichen Sinn den Vorwurf geiziger Habſucht
ſchmiedete. Im Winter vor Luthers Tod hatte die alte Abneigung
neuen Zündſtoff erhalten. Luther hatte in etwas dem Hofe nicht
nachgegeben, und der Kanzler berichtete: „Luther laſſe ſich auch
in andern Dingen wider den Hof bewegen, und die Rippe — das
iſt Frau Käthe — ſei es, die den guten, frommen Herrn aufſtachle;
auch möge wohl wieder das Gütlein Wachsdorf dahinterſtecken".
Die ganzen Verhandlungen der nächſten Monate ſind von dieſer
hämiſchen Mißſtimmung des Kanzlers durchzogen, der von ihr ſo eingenommen war, daß er ſogar nachweislich unrichtige Verdächtigungen
gegen Katharina dem Kurfürſten vortrug, wie z. B. die ſchlechte Be-
wirtſchaftung von Zulsdorf, den großen vertulichen Haushalt oder
den Argwohn, ſie würde ſich bald wieder anderweitig verheiraten.

Noch trauriger aber als dieſe Abneigung eines Juriſten, mit dem
ſchon Luther ſelbſt nicht eben gut geſtanden war, iſt die wenig

freundschaftliche Stellung, die die nächsten und besten Hausfreunde
Luthers, die zu seinen Lebzeiten auch die Freunde der Doktorin
gewesen waren, jetzt plötzlich ihr gegenüber einnahmen. In der
Vormundschaftsfrage, von der wir gleich nachher hören werden,
gaben Melanchthon und Kreuziger eine glatte Ablehnung „aus
Ursachen, daß die Frau nicht folge und sie oft beschwerliche Reden
von ihr würden einnehmen müssen". Und in der Wachsdorfer An-
gelegenheit scheute sich Bugenhagen nicht, bei dem Kanzler auszu-
sprechen: „Da hört man wohl, wer allewege nach dem Gut Wachsdorf
trachtet! Vorhin hat man's auf den Doktor gelegt; aber itzt merkt man
es wohl, wes Getriebe es gewest". Das waren bittere Erfahrungen für
Frau Käthe, in deren Haus und an deren Tisch die Dreie manchen
Abend in schönster Harmonie gesessen waren! Aber die Sonne war vom
Himmel gesunken, und der Morgenstern hat kein Licht von ihm selber.

Es handelte sich nach Luthers Tod um einen ganzen Komplex
von Fragen, die unter sich aufs engste zusammenhingen: einmal
die Ordnung des gesamten Nachlasses überhaupt, dann die Frage
der Anerkennung des Testaments von 1542, weiter die Frage der
Aufstellung der Vormunde, und endlich die Erwerbung des Gutes
Wachsdorf. Was die Lösung dieser Fragen ungemein erschwerte,
das war der völlig schiefe Gesichtswinkel, unter dem der Kanzler
Brück, den Blick durch seine Abneigung gegen Käthe getrübt, sie
betrachtete. Er konnte nämlich von dem Gedanken nicht los-
kommen, die Witwe wolle für sich selbst gut sorgen auf Kosten ihrer
Kinder; und doch hat es nicht leicht eine treuere und für ihre Kinder
uneigennütig besorgtere Mutter gegeben als sie. Hätte der Kanzler
unvoreingenommen, wie es dem Juristen ziemte, bedacht, welche
Interessen das Herz Käthes bewegten, so wäre das ganze „Gebeiß",
das durch die ersten Monate ihres Witwenstandes sich hindurchzieht,
erspart geblieben. Aber die Art und Weise, wie Frau Käthe diesen
Kampf in ihren dringendsten Lebenssorgen durchfocht, stellt ihrer
diplomatischen Kunst das ehrenvollste Zeugnis aus.

Siebzehnter Abschnitt

Sonnenblicke

Das erste freudige Ergebnis der Nachlaßverhandlungen war die Feststellung, daß, auch nach Abzug der Schulden, für Frau Käthe und ihre Kinder ein für die damaligen Begriffe recht ansehnliches Vermögen vorhanden war. Dasselbe bestand aus folgenden Teilen:

1. Das Schwarze Kloster mit einem im Jahr 1564 erzielten Verkaufswert von 3700 Gulden.

2. Drei Gärten mit einem Wert von etwa 1000 Gulden.

3. Bücher und Hausrat (Linnenzeug, Betten, Möbel, Kupfer, Zinn, Messing) im Wert von etwa 1000 Gulden.

Dazu kam das Leibgedinge Käthes:

4. Das Gut Zulsdorf mit einem im Jahr 1553 erzielten Verkaufswert von 956 Gulden.

5. Brisgers Häuschen, 1557 verkauft um 350 Gulden.

6. Das Gold und Silber, das 1542 von Luther zu 1000 Gulden angeschlagen war.

Das ergibt insgesamt einen Wert von etwa 8000 Gulden, die allerdings einen baren Zinsertrag nicht erbrachten, so daß man wohl versteht, wie Käthe im März 1546 klagen konnte, sie habe weder Geld noch Vorräte. Aber den Kindern standen jetzt noch zwei zinstragende Kapitalposten in Aussicht, nämlich fürs erste 1000 Gulden, die der Kurfürst 1541 für den Todesfall Luthers ihnen ausgesetzt und seither mit fünf vom Hundert verzinst hatte, und zweitens 2000 Gulden, die die Grafen von Mansfeld in dankbarer Erinnerung an Luthers Einigungsbemühungen am 8. Mai 1546 auf Neujahr 1548 zu zahlen gelobten und auch inzwischen mit fünf vom Hundert verzinsten. So ergibt sich ein Gesamtkapitalwert von 11 000 Gulden. Nach dem Geldwert von 1914 entsprach ein Gulden dem Wert von 16 Mark, das Vermögen wäre also darnach 176 000

Mark wert gewesen; nach dem heute ums Zwanzigfache gesunkenen
Geldwert sogar 3 520 000 Mark. Aber allerdings, der bare Zins=
ertrag betrug höchstens 250 Gulden. Immerhin, die Lage der
Witwe und ihrer Kinder war nicht eben schlecht. Das erhellt auch
daraus, daß sie sich nicht dazu verstehen wollte, von ihren Liegen=
schaften irgend ein Stück zu veräußern. Luther hatte immer ge=
meint, das weitläufige Gebäude des Schwarzen Klosters könne seine
Witwe einmal nicht behalten; sie erklärte aber rundweg, sich von
demselben nicht trennen zu wollen, und von dem Gute Zulsdorf
ebensowenig. Es wird uns menschlich verständlich, daß der Kanzler
Brück bei dieser Weigerung, sich Bargeld zu verschaffen, die Lage
Frau Käthes nicht als so ernst ansehen konnte, wie sie selbst sie dar=
stellte, zumal sie auch, und zwar ohne Barmittel, auf die Erwerbung
von Wachsdorf nicht verzichtete.

Ein nicht unbeträchtlicher Sieg Frau Käthes war es, daß das
formlose Testament Luthers von 1542, „ob es gleich an Zierlich=
keiten und Solennitäten, so die Rechte erfordern, mangelhaft war",
die nachträgliche kurfürstliche Bestätigung erhielt. Diese war freilich
nur möglich, wenn der landrechtlichen Vorschrift der Aufstellung
von Vormunden entsprochen wurde. Aber es wurde bei dieser
Aufstellung der von Frau Käthe selbst gemachte Vorschlag bereit=
willig berücksichtigt. Sie wünschte für sich den Stadthauptmann
Erasmus Spiegel und ihren Bruder Hans von Bora, für ihre Kinder
den Bruder Luthers, Jakob in Mansfeld, den Ratsherrn Ambrosius
Reuter (s. Seite 116) und Melanchthon. Diesem Vorschlag pflich=
tete der Kanzler im allgemeinen bei, nur meinte er, Melanchthon
sei zur Vormundschaft wenig geeignet, weil er nicht imstande sei,
Frau Käthe zutreffendenfalls Widerstand zu leisten; weil er aber
doch nicht übergangen werden könne, so solle man ihn und Kreuziger
zu Nebenvormunden ernennen, die um die Vermögensangelegen=
heiten sich nichts zu bekümmern, sondern bloß im allgemeinen über
der gottesfürchtigen Erziehung der Kinder zu wachen haben. Als

eigentlichen Vormund der Kinder aber schlug er auf Melanchthons
Anregung den kurfürstlichen Leibarzt Dr. Ratzeberger vor, der lange
Jahre her mit Luther befreundet gewesen war. Und der Kurfürst
bestätigte am 24. März 1546 diesen Vorschlag, so daß das Kolle-
gium der Vormunde ziemlich genau den Wünschen Käthes entsprach.

Nachdem mit der Anerkennung des Testaments die Ordnung
des Nachlasses anstandslos vollzogen werden konnte, war vorerst
nur noch die Frage der Erwerbung von Wachsdorf zu lösen. Der
Kanzler Brück war entschieden dagegen, weil er der Erwerbs= und
Herrschsucht, die er in Frau Käthe erblickte, nicht noch Vorschub
leisten wollte. Andererseits durfte er voraussetzen, daß sein gütiger
Herr nicht geneigt sein werde, der Witwe Luthers ihre erste Bitte
nach seinem Tode abzuschlagen. So ersann denn der kluge Jurist
in seiner vorgefaßten Meinung, Frau Käthe wolle nur für sich, nicht
für ihre Kinder sorgen, einen Weg, von dem er hoffte, er würde
Käthe zum Verzicht auf ihren Wunsch bewegen. Das Gut sollte
nämlich nicht für Käthe, sondern für ihre Söhne gekauft werden.
Der Kurfürst solle die den Kindern verschriebene Summe von
1000 Gulden verdoppeln, 500 Gulden sollten als Heiratgut für
Margarete zurückbehalten und der Kaufpreis von 2000 Gulden von
den restlichen 1500 Gulden des Kurfürsten und einer Abschlags=
zahlung der Mansfelder Grafen von 500 Gulden bezahlt werden.
Wenn Wachsdorf nicht für sie selbst, sondern für ihre Söhne gekauft
würde, meinte der Kanzler, so würde sie des „Baukastens", der ihr
persönlich keinen Nutzen bringe, bald vergessen.

Aber er hat Frau Käthe völlig verkannt. Mit Freuden gab sie
ihre Einwilligung zu dem Kauf für die Söhne. Und nun gab es
für den Kanzler auch kein Zurück mehr, so sehr er versuchte, den Wert
des Gutes herunterzusetzen und vor den hohen Baukosten zu war=
nen; sie erklärte, keine sonderlichen Gebäude allda vornehmen zu
wollen. Und sie setzte ihren Willen durch. Am 16. Mai schrieben
die Vormunde an den Kurfürsten, sie könnten der Witwe nicht

länger widerstehen, es schiene sonst, als wollten sie ihre Wohlfahrt
verhindern und des Herrn Doktors Wohltaten vergessen. Da aber
die Mansfelder vorerst nichts zahlten, bleibe nichts übrig, als auch
den Anteil der Tochter an den 2000 Gulden auf das Gut zu legen.
Und der Kurfürst willfahrte gnädig. Inzwischen hatten die Münster-
schen Erben, als sie sahen, daß ihre Verkaufsaussichten günstiger
wurden, die Kauffumme auf 2200 Gulden geschraubt. Aber auch
hier wurde Rat. 100 Gulden brachten die Vormunde zusammen,
100 Gulden gab auf Melanchthons Bitte der wohlhabende Nikolaus von Amsdorf. Am Pfingstmontag, den 14. Juni, ging Wachsdorf als rittermäßiges Mannlehen und Erbgut an Luthers vier
Kinder über. Frau Käthe war glücklich Siegerin geblieben. Und, nach
ihres Mannes Tod anscheinend völlig gebrochen, hat sie im Kampf
ihre alte, zähe Kraft und Energie wiedergefunden.

Und Siegerin blieb sie auch in dem schwersten Kampf, den der
Kanzler Brück ihr gleichzeitig aufzwang, im Kampf um ihre Kinder.
Schon am 13. März erstattete der unermüdliche Mann dem Kurfürsten darüber Bericht, daß es notwendig sei, die große Haushaltung der Frau Doktor zu verkleinern. Er schlug vor, ihr die
Söhne wegzunehmen; dann würde sie nicht mehr nötig haben, so
viele junge Leute zur Erziehung der Söhne im Hause zu halten, denn
— so wenig scheute sich der Kanzler die Wahrheit zu verdrehen —
bis jetzt habe jeder der drei Jünglinge seinen eigenen Präzeptor
und Famulus. Hans, den ältesten, könnte der Kurfürst an den Hof
und in die Kanzlei nehmen; die Wittwe aber habe ihn, der dazu bereit gewesen sei, davon wieder abgebracht und dem Kanzler gegenüber erklärt, er wäre ein alberner Gesell, den man in der Kanzlei
nur äffen und zum Narren haben würde. Man müßte ihn also von
der Mutter trennen und dennoch in die Kanzlei nehmen. Die Söhne
Martin und Paul aber, die von der Mutter zu Junkern und Laffen
erzogen würden, müsse man ihr wegnehmen und jeden für sich zu
einem gelehrten Manne tun, vor dem sie Furcht und Scheu haben

müßten. Für die dann allein bei der Mutter noch verbleibende zwölfjährige Margarete genüge ein kleines Mägdlein. Dann könnten alle die weiten Räume des Schwarzen Klosters vermietet werden, womit der Frau Doktor ein Einkommen gesichert sei. Außerdem habe sie die Braugerechtigkeit, die Gärten und Zulsdorf, und wenn ihr der Kurfürst noch jährlich zwei Wispel Korn und etliche Klafter Holz zukommen lasse, könne sie gut durchkommen.

Das war rechnerisch klug ausgedacht; einen Faktor ließ aber der kluge Rechner ganz außer Betracht, nämlich das Mutterherz. Es war eine Gemütsroheit sondergleichen, der Witwe, die eben erst den schwersten Schmerz ihres Lebens erlitten, nun auch noch den Verzicht auf die Kinder, ihren einzigen Trost in ihrem Leide, zuzumuten. Und es war zugleich ein furchtbar kränkender Mißtrauensbeweis gegen die Mutter, die sich gemüht hatte, ihre Kinder recht und christlich zu erziehen, wenn man ihr jetzt die Fähigkeit dazu aberkannte. Der Kanzler ahnte auch selbst, daß sie sich diesen Eingriff in ihre natürlichen Rechte nicht würde gefallen lassen; er meinte: „Da wird sich dann das Gebeiß zwischen der Frau und den Vormunden beiderseits ergeben".

Fürs erste schien es, als ob Frau Käthe in diesem Kampfe unterliegen sollte. Denn am 14. April gab der Kurfürst den Vorschlägen des Kanzlers seine Billigung; er wies die Vormunde Spiegel und Reuter an, den Haushalt zu verkleinern und das unnötige Gesinde zu entlassen, und beauftragte Melanchthon und Kreuziger, die Erziehung der Kinder nach des Kanzlers Vorschlägen zu ordnen. Aber jetzt nahm die in ihrem Heiligsten bedrohte Mutter den Kampf um ihre Rechte mutig, klug und geschickt auf. Am 16. Mai richteten die Vormunde Reuter, Melanchthon und Kreuziger eine sehr ausführliche Eingabe an den Kurfürsten, die offenkundig unter dem bestimmenden Einfluß Käthes geschrieben ist. Sie haben zunächst mit Hans verhandelt und ihm nahegelegt, er wäre alt genug, um sich zu entscheiden, ob er beim Studio wollte bleiben oder nicht, ihm auch nicht vorenthalten, daß sie ihn für die Kanzlei tüchtiger erachteten. Seine nach vielem Reden gegebene schriftliche Antwort, die der Eingabe beigelegt wurde, lautet, bescheiden und freimütig:

„Ehrwürdige, liebe Herren! Des Durchlauchtigen Kurfürsten Befehl meiner Person anlangend habe ich in Untertänigkeit und dankend angehört. Nun versteh ich wohl, daß der Stand in der Kanzlei ein sehr ehrlicher Dienst ist. Ich weiß aber, daß mein lieber Vater vor dieser Zeit nicht hat willigen wollen, daß ich außer der Schul ziehen soll. So wollt ich gern weiter studieren."

Was Martin und Paul betrifft, so haben die Vormunde ihren Präzeptor Rudtfeld — Brück hatte von mehreren Präzeptoren gefaselt — zu einer Prüfung aufgefordert. Dabei habe sich gezeigt, daß Martin wohl studiert habe, Paul aber etliche Wochen krank gewesen und darum in der Grammatik zurück sei. Die Mutter aber danke zwar für des Kurfürsten gnädiges Gemüt untertänigst, bitte aber zu bedenken, daß ihr Jüngster kränklich sei und an andern Orten nicht besser sein könne denn bei der Mutter. Die Magistri seien aber in ihren Wohnungen so beschränkt, daß die Knaben ihrer Gesundheit wegen nicht wohl bei ihnen bestellt wären; auch möchten sie unter dem fremden jungen Volk leichtlicher in böse Gesellschaft geraten denn bei ihr, dieweil sie doch ohne ihre Erlaubnis nicht aus dem Hause gehen dürften. Rudtfeld verdiene das Zeugnis eines gelehrten, treuen Gesellen, und sie selbst, die Vormunde, wollten auch auf Martins Studium ein Aufsehen haben.

Käthe hat den Kampf um ihre Mutterrechte mit ihrer alten Klugheit geführt, wenn sie in diesem Schriftstück die Vormunde so ganz auf ihrer Seite hat. Und der Kurfürst hätte ja müssen ein Unmensch sein, wenn er auf diesen Schrei des Mutterherzens auf seinem ersten Erlaß bestanden hätte. Am 31. Mai fiel die Entscheidung, in der er den ehrenvollen Rückzug antrat. Er ließ es dabei bewenden, daß die Söhne bei der Mutter bleiben und daß Hans weiter studiere, „denn Wir wissen, daß des Doktors Gemüt mit höchster Begier

dahin gerichtet gewest, daß seine Söhne studieren sollten". Die
Vormunde werden angewiesen, darauf zu achten, „daß gemeldte
des Doktors seligen Söhne alle drei zu Zucht, Tugend und Lahr
mit Fleiß gehalten und ihnen sämtlich oder sonderlich nit viel ver=
säumlichs Spazierens vorstattet werd".

So war Frau Käthe auch in diesem Stück, und damit auf der
ganzen Linie, Siegerin geblieben. Der Kampf war nicht leicht;
aber der Kurfürst war ein edler und gerecht denkender Mann, der in
der Witwe Luther selbst noch ehrte. Vor allem beweisen diese Siege,
daß ihre Gesundheit wieder gefestigt war, sonst hätte sie diese aufregen=
den Zeiten nicht mit diesem schönen Erfolg durchkämpfen können.

Nehmen wir noch dazu, daß der König Christian III. von
Dänemark sich auf Jonas' Bitte bereit erklärte, sich „des seligen
und teuren Manns Gottes nachgelassene Witwe und Kinder gnädigst
befohlen sein zu lassen", und zwar mit Fortreichung des früher von
Luther bezogenen Jahresgehalts von 50 Talern, die erstmals am
10. Januar 1547 ankamen und von Käthe in einem rührenden
Schreiben verdankt wurden; und daß ferner die nach Luthers Tod
im ersten Jammer aufgehobene Burse mit Beginn des Sommer=
halbjahrs, am 1. Mai 1546, wieder eröffnet wurde und zahlreichen
Zuspruch fand, so brauchte uns um die Zukunft der Frau Doktorin
nicht bange zu sein, wenn nicht die politischen Ereignisse plötzlich
alles, was mühsam errungen und gebaut war, über den Haufen
geworfen hätten.

Achtzehnter Abschnitt

Kriegsschrecken

Schon zu Luthers Lebzeiten hatte sich das Unwetter über den
Häuptern der Evangelischen immer drohender zusammengezogen;
es hat seine letzte Lebenszeit umdüstert, aber es ist ihm erspart ge=
blieben, sein Losbrechen erleben zu müssen, denn schon der Gedanke

der Verquickung des Evangeliums mit weltlich-politischen Händeln
war ihm ein Greuel. Bald nach seinem Ende kam das Gewitter
zum Ausbruch. Kaiser Karls V. Hände waren durch glückliche
Erfolge in seiner äußeren Politik gegen die Evangelischen frei geworden. Mit kluger List wußte er seine Absichten zu verschleiern,
indem er zum Zweck neuer Religionsverhandlungen den Regens-
burger Reichstag einberief, um sich seine Verbündeten zu suchen.
Leider fielen ihm solche auch aus den Reihen der evangelischen
Fürsten zu; der wichtigste war Herzog Moritz von Sachsen, der
Neffe und zweite Nachfolger Georgs des Bärtigen, der zwar mit
seinem Vater Heinrich dem Frommen zum evangelischen Glauben
übergetreten war, ohne aber eine innerliche Fühlung mit demselben
zu bekommen, und der nun, obgleich Schwiegersohn des Haupt-
führers der Evangelischen, des Landgrafen Philipp von Hessen,
in ungezähmtem Ehrgeiz um den verheißenen Preis der sächsischen
Kurwürde zum Judas an seinen Glaubensgenossen wurde. Zu spät
begann der Schmalkaldische Bund sich zu rüsten.

In der Pfingstzeit 1546, am 16. Juni, plötzlich wie ein Blitz aus
heiterem Himmel zuckt, erklärte der Kaiser den Evangelischen den
Krieg und verhängte am 20. über Kurfürst Johann Friedrich von
Sachsen und Landgraf Philipp von Hessen als Aufrührer die Reichsacht, und damit beginnt der unselige S c h m a l k a l d i s c h e
K r i e g. Monatelang standen sich die Heere an der Donau gegenüber; am 27. Oktober fiel Herzog Moritz in das von Truppen ent-
blößte Kursachsen ein und besetzte es fast ohne Widerstand. Nur
Wittenberg vermochte ihm zu widerstehen; es war als starke Festung
ausgebaut, und in der Eile geschah jetzt noch alles, um einer Belagerung trotzen zu können. Die Hochschule wurde aufgelöst, Professoren und Studenten flohen in alle Winde; die Vorstädte mit
ihren Lusthäusern und Gärten wurden dem Erdboden gleich gemacht, um dem feindlichen Heere keinen Standort zu gewähren.
Was Frau Käthe in ihren Gärten vor den Toren der Stadt in zwei

Jahrzehnten mühsam gebaut und gepflanzt, das war in wenigen Tagen vernichtet. Sie selbst floh mit ihren Kindern anfangs November nach Magdeburg und hinterließ das Schwarze Kloster in der Obhut des treuen Wolf Sieberger. Ein Sturm Moritzens auf die Stadt wurde glücklich abgeschlagen und nicht wiederholt. Noch einmal schien das Glück dem Kurfürsten zu leuchten; er belagerte Leipzig und Herzog Moritz mußte seine Truppen von Wittenberg zurückziehen. Im Januar 1547 konnte Käthe nach Wittenberg zurückkehren, wo sie wenigstens ihr Haus unversehrt antraf. Aber freilich, wie mancher von ihren silbernen Bechern wird in der Magdeburger Zeit zum Goldschmied gewandert sein!

Jedoch das war nur eine schwüle Ruhe vor dem letzten Sturm. Der Kaiser selbst zog seinem bedrängten Verbündeten Moritz zu Hilfe, und am 24. April 1547 fiel auf der Lochauer Heide bei Mühlberg an der Elbe der entscheidende Schlag: nach kurzem Kampf wurde Johann Friedrichs Heer geschlagen und der Kurfürst selbst geriet schwerverwundet in des Kaisers Gefangenschaft. Unter dem Druck der Sorge, des Kaisers zügellose Truppen möchten in Wittenberg einziehen, floh wiederum, was fliehen konnte; auch Frau Käthe begab sich Ende April mit ihren Kindern zum zweitenmal auf die Flucht. In Magdeburg traf sie Melanchthon und bat ihn unter Tränen, ihr zu einer sicheren Unterkunft zu verhelfen; sie dachte an Dänemark, dessen König ihr huldvoll seine Hilfe brieflich versichert hatte. Melanchthon billigte diesen Gedanken und brachte sie selbst nach Braunschweig, wo sie in dem Hause des evangelischen Abtes gastfreie Unterkunft fand. Allein die Weiterreise wurde schon in Gifhorn von dem Herzog Franz von Lüneburg wegen des alle Straßen unsicher machenden Kriegsvolkes ernstlich widerraten, so daß sie nach Braunschweig zurückkehrte, wo sie ungefähr zwei Monate in Sicherheit war. Aber freilich auch unter allem Elend der Armut, die sich jetzt mehr und mehr fühlbar machte. Denn Einnahmen waren keine mehr da, auch das dänische Jahrgeld blieb infolge des Krieges aus. Dazu

kam die niederbeugende Erfahrung, daß in dem „heiligen Egois=
mus" der Kriegszeiten niemand mehr an Luthers Verdienste, son=
dern jedermann an sich selbst dachte und, wie sie dem König von
Dänemark schreibt, „sich ein jeder so fremd gegen mich stellt und
niemand sich meiner annehmen will".

Doch ging es in Wittenberg glimpflicher als man besorgt hatte.
Nachdem die Kurfürstenwürde an Herzog Moritz übertragen war,
zogen die kaiserlichen Truppen ab; Karl V. war ja groß=
herzig genug gewesen, seinen Haß nicht an Luthers Gebeinen aus=
zulassen, da er „Krieg führte mit den Lebendigen, nicht mit den
Toten". Kurfürst Moritz versicherte Stadt und Universität seines
Wohlwollens und tat, was er konnte, um letztere wieder zur alten
Blüte zu führen. So huldigten am 6. Juni 1547 die Bürgerschaft
und die wiedergekehrten Professoren dem neuen Herrn. Am
4. Juni starb der alte Wolf Sieberger, der das Schwarze Kloster
in Treuen gehütet hatte.

Als Frau Käthe am 28. Juni 1547 von Bugenhagen und Reuter
mit dieser Todesnachricht die Kunde erhielt, ihre Güter und ihr
Haus seien unversehrt geblieben und sie könne ruhig wieder heim=
kehren, da zögerte sie keinen Augenblick. Aber freilich, nicht bloß
die Gärten vor Wittenbergs Toren waren zerstört, auch die Boos,
Zulsdorf und Wachsdorf, lagen mitten im Kriegsgebiet und waren
von Mann und Roß zertreten, der Viehstand gänzlich vernichtet.
Nun wird Frau Käthe in den Briefen der Freunde immer wieder
„eine arme Frau" genannt. Bugenhagen fügt hinzu: „Sie wäre
nicht arm, wenn sie ihre Gütlein wüßte zu versorgen, aber da fehlt's."
Das heißt natürlich nicht, ihre haus= und gutswirtschaftlichen Ta=
lente haben jetzt versagt, sondern es habe ihr an den Geldmitteln
gefehlt, das zur Bewirtschaftung der Güter nötige Vieh wieder zu
beschaffen.

Mit aller Energie nahm die tapfere Frau den Kampf ums Dasein
auf. Fürs tägliche Leben genügten die Einnahmen aus den ver=

mieteten Zimmern des Schwarzen Klosters und aus dem Kosttische, der sich nach wie vor zahlreichen Zuspruchs erfreute, und hierin liegt auch ein Zeugnis für Frau Käthes Wirtschaft und Charakter. Auch Luthers einstige Kollegsäle wurden zu Vorlesungszwecken vermietet. Aber das Bargeld zur Instandsetzung der Güterwirtschaft mußte durch Hypothekenschuld beschafft werden; ein Leipziger Jurist, Magister Franz Kram, streckte ihr 400 Gulden vor, und einige silberne Becher waren auch noch da, die nicht verkauft, sondern nur verpfändet wurden. Wir kennen Käthes Wirtschaftstalent so gut, um sagen zu können: in ein paar günstigen Jahren hätte sie die Güter wieder in die Höhe bringen und ihre Schulden abzahlen können.

Allein es kamen neue Schwierigkeiten durch Prozesse. In dem Anschlag, mit dem Melanchthon ihren Tod der Universität bekannt machte, sagt er:

„Als der Krieg ausbrach, irrte sie mit ihren verwaisten Kindern im Elend umher unter sehr großen Beschwerden und Gefahren, und außer den Übelständen, die für eine Witwe vielfältig sind, erfuhr sie auch großen Undank von vielen, von denen sie wegen der ungeheuren öffentlichen Verdienste ihres Gatten um die Kirche Wohltaten erhoffte, aber in schändlichster Weise enttäuscht wurde."

Sie selbst schreibt noch 1552 an den König von Dänemark, die Freunde hätten ihr größeren Schaden zugefügt als einst die Feinde. Vor allem erhob die Gutsherrschaft Kieritzsch, die schon anfangs der vierziger Jahre mit Leistungen seitens des Gutes Zulsdorf Schwierigkeiten gemacht hatte, neue Ansprüche, die 1548 zu einem zwei Jahre dauernden Prozeß in Leipzig führten. Wohlmeinende Freunde, auch ihr eigener Bruder Hans, der frühere Besitzer von Zulsdorf, rieten von einem Vergleich ab, weil die Forderung zweifellos übertrieben war. Durch die Vermittlung des mit Luther befreundeten Leipziger Professors Joachim Camerarius gelang es Frau Käthe, den berühmten Leipziger Juristen Dr. Johann Stram-

burger als Sachwalter zu gewinnen, und ihm gelang es, den Prozeß
zu einem für sie günstigen Ende zu führen. Ein anderer Prozeß
wegen der Kriegskontributionen schwebte 1550/51 vor dem kurfürstlichen Gericht gegen Hans Löser, den Sohn des früheren Erb-
marschalls, der Paul Luthers Pate gewesen war; wir wissen nicht,
mit welchem Erfolg.

Überhaupt war ja die Kriegszeit mit dem Wechsel der Kurwürde
noch lange nicht zu Ende; Verwüstungen durch rohe Soldateska
und Kriegslieferungen, die den Landbesitzern auferlegt wurden,
haben auch Zulsdorf und Wachsdorf hart betroffen. Bugenhagen
schreibt 1550 an den König von Dänemark:

„Die Witwe unseres Vaters Luther klaget hart; es ist ja am Tage, daß
sie in ihren Gütern dieses Jahres großen Schaden erlitten hat samt ihren
Nachbarn."

An den neuen Landesherrn mochte sich Käthe nicht wenden,
zu ihm fehlte ihr jegliche innere Beziehung und dem wider-
sprach auch ihre anhängliche Treue gegen das ernestinische Fürstenhaus. Ein Lichtblick für sie blieb, als die Kriegswirren sich ver-
zogen, die Güte des dänischen Königs, der, wie wir aus manchen
Briefen wissen, sein Jahrgeld von 50 Talern bis zu ihrem Ende
wieder regelmäßig bezahlte.

Neunzehnter Abschnitt

Kinderschicksale

Wir wissen aus den früheren Abschnitten, für wen Frau Käthe
schaffte und sorgte, pflanzte und baute, sparte und kaufte, stritt und
litt: es war ihr Kinderhäuflein, nächst ihrem „Herrn Doktor" das
Liebste und Teuerste, was sie besaß, und das wertvollste Erbe, das
er ihr hinterließ. Und sie hat, wenige Störungen abgerechnet,
die in keinem Hause ausbleiben, an ihren Kindern Freude erleben

dürfen. Wie sich ihre Schicksale ferner gestalteten, das soll dieser
Abschnitt erzählen.

Ihr Ältester, H a n s , hat freilich die Hoffnungen nicht ganz
erfüllt, die wohl einst das stolze Mutterherz auf ihn gesetzt. Die
Anfänge waren vielversprechend gewesen. Schon mit vier Jahren
erhielt Hänschen bei Hieronymus Weller lateinischen Unterricht;
einen Tag vor seinem 8. Geburtstag, 1533, wurde er schon an der
Wittenberger Hochschule als Student eingeschrieben, was allerdings
nur eine Formalität war, deren damals an allen deutschen Hoch-
schulen die Professorensöhne sehr frühe teilhaftig wurden. Aber im
Oktober 1539 erhielt der Dreizehnjährige schon die erste akademische
Würde, das Bakkalaureat, hat also tatsächlich damals schon an der
Hochschule studiert; und bei einer Doktorpromotion im gleichen Jahr
hielt er öffentlich eine lateinische Rede. Im Jahr 1540 verfaßte
Luther für seinen Ältesten eine lateinische Einführung in die Dia-
lektik d. h. die Kunst der wissenschaftlichen Gedanken- und Rede-
führung, und im Jahr 1541 schrieb der zwölfjährige Kurprinz
Johann Friedrich einen schmeichelhaften lateinischen Brief an Hans
Luther, in dem er mit freigebiger Hand ihm Lob spendet. Aber nun
scheint, wie das bei „Wunderkindern“ oft der Fall ist, ein Stillstand
gekommen zu sein. Sonst hätte ja nicht der Vater 1542 den sech-
zehnjährigen Studenten (s. Seite 135) auf die Lateinschule in
Torgau zurückversetzen müssen. Es wollte nicht mehr recht vorwärts
gehen mit seinen Studien; wir hörten ja (s. Seite 156), daß er sich
nach seines Vaters Tod noch darum verwehren mußte, daß er überhaupt studieren dürfe. Und als er nun endlich das juristische Studium in Angriff genommen hatte, wollte dasselbe zu keinem richtigen Ende gedeihen. Ob das Wort wahr ist, das Frau Käthe in
jenem Kampf um ihre Kinder zugeschrieben wurde, Hans sei ein
alberner Gesell, wissen wir nicht; so viel scheint aber aus dem Ge-
rücht hervorzugehen, daß die Mutter selbst von ihm enttäuscht war.
Als er nach den Kriegswirren mit 21 Jahren sein Rechtsstudium

wieder aufnahm, für das er nach Melanchthons Urteil ganz geeignet war, ging es wieder gar nicht vorwärts.

Käthe betrachtete es daher als eine günstige Fügung, daß 1549
der Königsberger Professor Georg Sabinus, der bei dem Herzog
Albrecht von Preußen in hohem Ansehen stand, aus Anlaß eines
Besuchs bei seinem Schwiegervater Melanchthon ihr das Anerbieten seines Fürsten übermittelte, ihren Ältesten bis zum Abschluß
seiner Studien zu versorgen. So entschloß sie sich auf Melanchthons
Zureden, denselben als seine „erste Ausfahrt" die Hochschule in
Königsberg beziehen zu lassen. In einem Brief vom 28. Mai be-
dankt sie sich demütig bei dem Herzog für seine gnädige Fürsorge
und bittet ihn, den unerfahrenen Sohn in Gnaden und Schutz
aufzunehmen und Geduld mit ihm zu tragen, wenn er sich nicht
recht zu benehmen wüßte. In einem Zeugnis vom 25. Mai nennt
ihn Melanchthon unbescholten, bescheiden, wahrheitliebend und
züchtig, gewandt und ausdauernd in körperlichen Übungen,
regen Geistes und beredt; über seinen Fleiß sagt er allerdings nichts.

Und an dem scheint es nun auch in den zwei Königsberger Jahren
gefehlt zu haben. Nicht einmal heimgeschrieben hat er regelmäßig,
die besorgte Mutter wußte oft lange nichts von ihm. Hans scheint
offenbar in eine vielleicht körperlich begründete Schlaffheit hinein-
gekommen zu sein, aus der er sich nicht mehr aufzurütteln vermochte.
Auch Herzog Albrecht bekam daran genug. Am 24. April 1551
wandte sich die Mutter an ihn mit der Bitte, ihrem Sohn den zum
Abschluß seiner Studien so nützlichen Besuch einer italienischen oder
französischen Hochschule zu gewähren. Allein der Herzog erwiderte
ihr am 2. Juli, sein gnädiger Wille sei bei ihrem Sohne nicht so
angewendet, wie er gehofft hätte; er habe seiner Studien nicht zur
Gebühr abgewartet, sich auch etlicher Händel, deren er wohl müßig
gehen konnte, teilhaftig gemacht. Trotzdem sei er ihr und ihrem
Sohne auch jetzt noch, besonders um ihres in Gott ruhenden Herrn

willen, gnädig gesinnt; würde er in Königsberg fürliebnehmen, so wolle er ihn noch weiter eine Weile unterhalten, aber ihn nach Italien oder Frankreich zu senden, darauf könne er sich nicht einlassen.

Diese Händel können nun allerdings keine schlimmen oder ehrenrührigen gewesen sein, denn drei Tage nach diesem Brief, am 15. Juli, stellte die Universität dem Hans Luther ein durchaus gutes Abgangszeugnis aus, mit dem er zur Mutter heimkehrte, die sich damals gar nicht wohl fühlte und nach langer Abwesenheit vieles mit ihm zu besprechen hatte. Zu einem gewissen Abschluß müssen aber seine Studien doch gekommen sein, wenn wir auch Näheres darüber nicht wissen. Denn im Jahre 1553 wurde er von dem inzwischen nach Weimar zurückgekehrten früheren Kurfürsten Johann Friedrich in dessen Kanzlei daselbst angestellt und hatte 1554 den Titel eines Kanzleirats. Er verheiratete sich 1553 mit einer Tochter von Kaspar Kreuziger, die ihm eine Tochter schenkte, der zu Ehren der Großmutter der Name Katharina gegeben wurde. Später diente Hans dem kurfürstlich brandenburgischen Hofe. Er starb auf einer Reise nach Ostpreußen in Königsberg am 27. Oktober 1575. Da seine Tochter nach kinderloser Ehe starb, ist dieser Zweig der Lutherfamilie schon in der zweiten Generation erloschen.

Viel weniger wissen wir von dem zweiten Sohn Martin. Wie er des Vaters Vornamen führte, so ergriff er auch dessen Berufsstudium, die Theologie. Aber er war kränklich und trat deshalb nie ins Pfarramt ein. Seine Ehe mit Anna Heilinger, der Tochter des Wittenberger Bürgermeisters, blieb kinderlos, und er selbst starb in Wittenberg mit 34 Jahren am 3. März 1565.

Der jüngste Sohn, Paul, war der begabteste und tüchtigste von den dreien. Er ergriff das medizinische Studium und verehelichte sich schon zwanzigjährig, am 5. Februar 1553, mit Anna

von Warbeck, der Tochter eines kurfürstlichen Rats und Vize-
kanzlers in Torgau, die Frau Käthe ohne Zweifel noch als seine
Braut kennen gelernt hat. 1557 erwarb er in Wittenberg den
Doktorgrad, lehrte darauf eine zeitlang an der neugegründeten Hochschule zu Jena, wurde dann herzoglicher Leibarzt in Gotha, fernerhin Leibarzt des Kurfürsten Joachim II. von Brandenburg
in Berlin, 1571 Leibarzt des Kurfürsten August und später
seines Nachfolgers Christian I. in Dresden, von wo er sich,
als die kalvinische Richtung am Hofe aufkam, in das rechtgläubige
Leipzig zurückzog, wo er am 8. März 1593 starb. Aus seiner Ehe
stammten sechs Kinder, von denen der älteste Sohn, Johann Ernst,
den Mannsstamm fortpflanzte, der aber mit dessen Urenkel, dem
Rechtsanwalt Martin Gottlob Luther in Dresden, am 3. November 1759 ausstarb. In weiblicher Linie blüht das Geschlecht Paul Luthers heute noch. Die jetzt noch lebenden Träger
des Namens aber sind Abkömmlinge von D. Martin Luthers
Bruder Jakob.

Das jüngste Kind, Margarete, verlobte sich im 20. Lebensjahr,
1554, mit dem ostpreußischen Edelmann Georg von Kunheim, Erb-
herrn auf Mühlhausen und Knauten, der in Wittenberg studierte. Da
er noch nicht volljährig war, erwirkten seine Vormunde, die mit der
Wahl oder mit der eigenmächtigen Verlobung nicht einverstanden
waren, beim Herzog Albrecht den Befehl unverzüglicher Heimkehr.
Melanchthon aber schrieb „mit Tränen im Auge" an den Herzog und
vermochte die Herzensangelegenheit der beiden jungen Leute zu deren
Gunsten zu beeinflussen. Am 3. August 1555 fand in Wittenberg die
Hochzeit „im Beisein vieler Grafen und Edeln und der Professoren"
statt. Aber die glückliche, mit neun Kindern gesegnete Ehe wurde schon
1570 durch den Tod der erst 36jährigen Frau getrennt. Drei von
ihren Kindern haben die Mutter überlebt, und in den Nachkommen
der ältesten Tochter, die wie die Mutter Margarete hieß, hat sich
auch dieser Zweig der Familie bis heute fortgepflanzt.

Zwanzigster Abschnitt

Abschied

Frühe war der Abend über Frau Käthe Luther hereingebrochen. Sie stand zwar erst im 54. Lebensjahr; aber die schweren Erlebnisse der letzten Jahre, die Sorgen und Kämpfe ums Dasein, die Enttäuschungen und Anfeindungen mancher Art, die sie auch von früheren Freunden zu erleben hatte, haben ihre nach des Gatten Tod wieder so rüstig aufgelebte Kraft erschüttert, ihren Stolz gebeugt, ihre Gesundheit untergraben. Immerhin hätte sie unter normalen Verhältnissen und nach Beendigung der Kriegswirren in Wittenberg, wo sich ihre Lage allmählich wieder befriedigend gestaltet hatte, noch manches Jahr leben können.

Aber der Juni 1552 brachte wieder einmal, wie einst 1527, dem von ungesunden Elbsümpfen umgebenen Wittenberg die Geißel der Pest. Wieder wurde die Hochschule geschlossen und erhielt in Torgau ein Asyl. Wieder wie 1527 hielt Frau Käthe im Gedenken an ihres Mannes glaubensvolle Unbekümmertheit zunächst aus. Erst als im September die Seuche im Schwarzen Kloster selbst einzog, packte sie, mehr um der Kinder als um ihrer selbst willen, den Wagen und fuhr nach Torgau. Und diese Fahrt sollte ihre Todesfahrt werden.

Unterwegs wurden aus unbekannter Ursache die Pferde scheu. Um sie aufzuhalten und um ihre Kinder zu retten, sprang Frau Käthe in ihrer Angst aus dem Wagen, gerade bei der Überfahrt über einen Bach, stürzte aber hart zu Boden und fiel in das kalte Wasser. Der schwere Sturz, die Erkältung, vielleicht auch eine innere Verletzung warf sie aufs Krankenlager, von dem sie nicht mehr erstehen sollte. Von ihren Kindern, insbesondere der Tochter, treulich verpflegt, siechte sie in Torgau langsam dahin, in allem Leiden getröstet und aufrecht erhalten durch Gottes Wort und Gebet, in dem sie sich ein baldiges Ende und einen sanften Tod wünschte, Gott dem Herrn ihre Kinder und die von ihrem Mann gegründete Kirche befahl und ihn bat, die lautere Lehre, die er durch ihres Gatten Stimme dieser jüngsten Zeit wiedergegeben habe, den Nachkommen unverfälscht zu erhalten. Die geschichtliche Treue erfordert es, zu bemerken, daß das schöne Wort, das ihr zugeschrieben wird: „Ich will an meinem Herrn Christo kleben bleiben wie die Klette am Kleid", auf einem Mißverständnis beruht und erst um die Mitte des 19. Jahrhunderts aufgekommen ist. Am 20. Dezember 1552 durfte sie sanft entschlafen.

Noch einmal erfuhr Frau Käthe, wie so oft zu ihres Mannes Lebzeiten, den Pomp einer akademischen Feierlichkeit. Melanchthon lud in bewegtem Schreiben, das ihr Elend und ihre Verlassenschaft, ihr Unglück und ihre gottergebene Geduld pries, ein, in Hochschätzung ihrer ausgezeichneten Frömmigkeit, aus Teilnahme an der Trauer ihrer Kinder und in Erinnerung an die nie genug zu preisenden Verdienste ihres Gatten sich an ihrem Begräbnis zu beteiligen, das am 21. Dezember, nachmittags 3 Uhr stattfinden sollte. In feierlichem Zuge geleiteten Professoren und Magistri, Studenten und Bürger von Torgau Doktor Luthers Witwe zu ihrer letzten Ruhestatt in der Marienkirche zu Torgau, in der die junge Nonne einst an Ostern 1523 ihrem Gott ihr heißes Dankgebet für die Befreiung aus dem Kloster dargebracht hatte. Nun war sie von aller Not des Erdenlebens befreit und mit ihrem heißgeliebten Gatten, der Sonne ihres Lebens, für ewig wieder vereint.

Noch steht im Chor der Kirche der Grabstein, den die Kinder ihrer geliebten Mutter haben errichten lassen. Er zeigt ihre ganze Gestalt im Mantel gekleidet, mit derselben Kopfhaube, wie das Medaillonbild des Jahres 1540 in der Kirche zu Kieritzsch (s. Seite 122), über der linken Schulter das Bora'sche, über der rechten das Lutherwappen. Die Umschrift lautet: ANNO 1552, den 20. DECEMBR: Ist In Gott Selig entschlaffen alhier zu Torgau Herrn D. Martini Luthers seligen Hinderlassene wittbe Katharina von Borau.

Wir sind am Ende. Auch der Morgenstern ist untergegangen, wie seine Sonne. Aber in der Geschichte der evangelischen Kirche leuchtet er fort in mildem Glanz. Katharina Luther war keine große Frau, aber sie war die Frau eines Großen. Sie war keine Heilige, sondern ein Menschenkind mit manchen Fehlern und Schwächen, aber sie war eine edle, treue, tüchtige, kernfeste, fromme deutsche Frau, die nach allem, was dieses Lebensbild von ihr erzählt hat, nicht unwert gewesen ist, den Namen des größten Deutschen getragen zu haben. Nicht mit glänzenden Geistesgaben, aber mit gesundem Verstand und hellem Blick, praktischem Sinn und starkem Geist begabt, im Evangelium fest gegründet, in ihres Mannes Gedanken, von dessen Geist sie „einen Hauch verspürt", lebend und webend, ist sie, die erste evangelische Pfarrfrau, eine der edelsten Frauengestalten der Kirchengeschichte, der ihr Gatte nicht bloß im Leiblichen, sondern auch für sein Gemütsleben unendlich viel verdankte, die als der „Morgenstern von Wittenberg" ihren Platz neben der leuchtenden Sonne würdig ausgefüllt hat und von der darum auch das Wort des Dichters gelten soll:

> Denn wer den Besten seiner Zeit genug
> Getan, der hat gelebt für alle Zeiten.